市民の考古学—10

歴史時代を掘る

坂詰秀一

同成社

はじめに

近年の日本考古学は、人類の発生から現代に及ぶ物質的資料（遺跡・遺構・遺物）を研究の対象とし、日本人の歴史を追究している。換言すれば、旧石器時代から縄文・弥生・古墳時代を経て、古代（飛鳥～平安）・中世（鎌倉～室町）・近世（江戸）・近代（明治～大正）・現代（昭和～）までの歴史をモノを中心に考える方向である。

かつて、日本の考古学の研究分野は、時間的にせいぜい古代までで、中世以降は特種な研究対象に限られていた。古代にあっても、宮・寺社・墳墓などであり、それに関連する瓦・土器に関心が向けられていたにすぎなかった。古代の考古学は、仏教（と宗教関係）の研究が主題となっていたのである。

しかし、文字史料（木簡・漆書文書・墨書土器）の出土と確認は、文字の存否によって研究対象の時代を考えてきた従来からの考古学の方向に方法論的な反省と本来的な研究のあり方を促すことになった。

日本の考古学界の片隅で息づいていた文字存在時代の考古学が、クローズアップされてきた。古代都京の発掘は、その象徴であると言えよう。飛鳥・藤原・平城宮など中央の都京跡に限らず、地方の官衙（国庁・郡衙など）跡、城柵跡、官道跡、寺院跡、集落跡など大規模な平面構成を有する遺跡の発掘が、長期にわたって行われるようになった。他方、古代の小規模な集落跡や諸生産に関する遺跡の発掘も試みられるようになり、多種多様な出土遺物が山積されてきた。中世そして近世の都市・居館・城郭・墳墓・祭祀遺跡、さらに、近・現代の遺産、戦争に関する遺跡をも対象とするようになった。

古代〜近・現代の遺跡は、歴史時代の考古学の研究対象となり、日本の考古学界で市民権を持つようになってきたのである。

日本史上、通説とされ、誰れしも疑うことのなかった「歴史的事情」が、モノを対象とする考古学によって検討され、その「真相」が文献史料の解釈と相まって明らかにされることが期待されている。

このような動向のもと、歴史時代を対象とする辞（事）典も編まれ、文献史学を専攻する研究者は勿論、日本の歴史に関心をもつ多くの識者にとって、歴史時代の考古学に対する関心が高まってきた。

本書は、歴史時代の考古学が、どのような分野を対象として歩んでいるのか、近年における発掘調査の動向とそれに関連する事柄について紹介することを目的として編んだものである。

目　次

歴史時代を掘る

序　章　歴史時代の考古学

1．歴史時代と歴史考古学

日本考古学の時代区分は、旧石器（岩宿）→縄文→弥生→古墳→歴史の各時代と言われている。利器の原材に基づく考古学の時代区分論と対比すると、旧石器・新石器（縄文）・鉄器（弥生～歴史）の各時代に該当する。他方、文字の存否と多寡により、先史・原史・歴史の各時代と区分することもある。

日本における現行の時代区分上の歴史時代は、文字資（史）料による時代区分の歴史時代と同じ時代名を用いている。前者は、古墳時代に続き文字が一部の社会において慣用されるようになってきた時代以降の総称として汎用されているのに対し、後者は、文字の使用が普遍的に用いられるようになった時代を指し、社会的には律令政治の展開、文化的には仏教文化の伝来と開花の頃を一応のメルクマールとして考えられている。

しかし、翻って考えると「歴史」の表記は、人類の出現と同時と理解すべきであり、考古学本来の時代区分、文字の存否多寡による時代区分とも相容れないものであって、いずれも厳密な時代名とすることはできない。

そこで、日本考古学の研究史のなかで「歴史時代」「歴史考古学」がどのように考えられてきたのか詮索することにしよう。

日本人による日本考古学の研究は、1884年に創立された人類学会（後の日本人類学会）の事務所が置かれた東京大学人類学教室、1896年に発足した考古学会（後の日本考古学会）の事務所が設けられた帝室博物館（東京国立博物館）を中心として展開していった。石器時代の研究を主とした東京大学は人類学会の機関誌（『人類学会報告』→『東京人類学会雑誌』→『人類学雑誌』）、古墳時代以降の研究に視点をおいた帝室博物館は考古学会の機関誌（『考古学会雑誌』→『考古』→『考古界』→『考古学雑誌』）を通じて、それぞれの目標に添った調査の報告、研究論文の発表の場を提供する役割を果たしていった。

古墳時代以降の考古学的文物を主として対象としていた考古学会の機関誌には、古墳時代とそれ以降の研究が掲載されるようになっていったが、一方、人類学会の機関誌にも石器時代の分野に限らず広範な論文が発表されていた。19世紀の後半、明治時代の中頃以降の二つの雑誌に掲載された報告と論文は、ともに特徴を有しながらも日本の考古学のすべての領域にわたる貴重な労作が発表された。

歴史時代についても同様な傾向が認められる。当時、歴史時代は有史時代とも表記されている。鳥居邦太郎『日本考古提要』(1889)は、器具門（遺物）を石器時代・青銅時代・古代と時代区分を示しながら、考古学の区別及び定義において史前考古学・原史考古学・有史考古学と区分し、有史考古学は「事実的歴史を……尚ホ一層事実を確カメンガ為メ……或ハ……実地ヲ考フルモノ」とした。有史考古学の名称が登場した初見である。

東大人類学教室に所属していた八木奘三郎は、考古学の諸分野にわたって活躍していたが、1900年に日本考古学の時代区分論について所見を披瀝した。先史時代（石器時代）・原史時代（高塚時代＝古墳時代）・有史時代（仏刹時代、能書時代、絵巻時代、築城時代、刷物（土版）時代）の三時代区分である（「日本考古学の組織」『考古界』1－5）。八木は、さらに「墳墓の沿革」において「高塚時代」と「卒塔婆時代」に大別する墳墓の変遷史を説き、高塚時代を1～3期、卒塔婆時代4～9期に区分、「鏡鑑説」では1～7期、「古瓦の研究」を1～6期に分けて論じる方向性を示し（『考古便覧』所収論文 1902)、また、石器時代・原史時代・有史時代の遺跡・遺物について説明した（『学生案内考古の栞』1904)。このような八木の見解は、『考古学研究法』（中村士徳共著 1905）『日本考古学』（中澤澄男共著 1906）にも示され、有史時代を日本考古学の研究対象として実践しながら時代区分論として提示していた。このような八木の研究成果は、1905年に近刊が予告された『歴史考古学』と題する一書において果たされるはずであったが、それの刊行は実現しなかった。八木が数年にわたって研究を進めてきた有史時代の考古学は、“歴史考古学”と題する一書として公けにされることがなかった。

日本考古学の概説書においては、八木『日本考古学』(1898・1899)、高橋健自『考古学』(1913)、柴田常恵『日本考古学』(1924)、後藤守一『日本考古学』(1927) など、古墳時代で筆を止めていた。ただ、佐藤虎雄『日本考古学』(1933) が「古代のみでなく中世、近世にあってもその大部分は考古学によらねば分らぬ事がある」との見解のもと「歴史時代」にも筆を進めたことが注目される。これら概説書の著者は、文献史学の佐藤を除けば、当然のことながら考古学者であった。考古学者の執筆した概説書が一様に古墳時代において筆を止めているのは、考古学研究の方法論と深くかかわっていたのである。考古学の本領は、文献史料の出現以前、文字が普及する以前において発揮される、とした当時の考古学研究の趨勢と密接に関係している。文献史学者の佐藤がその暗黙の枠を超えて歴史時代の分野にも解説を試みたのは専門分野を異にしていたからであった。しかし、考古学の専門分野においても、伝統ある考古学会の機関誌である『考古学雑誌』に歴史時代の報告と研究論文が掲載されていた。1943年にまとめられた『考古学雑誌総目録』(1896〜1940)は「日本歴史時代」を分類大別とし、総論・神道・仏教・兵事・生活・娯楽・交通・経済・美術・工芸・記録・土俗・雑に細別して掲載論文の目録が収められていることが、その間の事情を物語っている。

科学としての日本考古学の研究がはじまった明治時代から大正時代にかけての到達点をもとに執筆された概説書は、後藤守一の『日本考古学』であった。先史時代から原史時代にかけて研究の水準を概括したこの書は、日本考古学の概説書の範として版を重ねていった。1927年11月の初版から1943年6月の10刷にいたるまで、多くの読者を得た。時代区分として先史時代と原史時代に大別して日本考古学を説き、巻末に考古学研究法を配した書は、長く日本考古学の概説として、豊富に挿入された写真とともに洛陽の紙価を高めたが、歴史時代の考古学について記述することはなかった。その『日本考古学』の続編として登場したのが『日本歴史考古学』

(1937) であった。後藤は「飛鳥・奈良時代以降の考古学」を歴史考古学とし先史考古学・原史考古学に続く分野を対象とする考古学を歴史考古学としたのである。かつて八木奘三郎が予告しついに果たせなかった“歴史考古学”が、後藤によって装いを新たに刊行されたのである。

『歴史考古学』はA 5 判 710 余頁を超える大冊で、さきの『日本考古学』320 余頁を加えてA 5 判 1,030 頁の日本考古学概説書となったのである。歴史考古学について「文献の豊富に残されている時代としても、その遺跡遺物は、考古学研究の対象」であるとし、その対象を次のごとく分類して要説した。1 装飾、2 武装と武器、3 住宅と聚落、4 調度、5 銭貨、6 美術工芸、7 神社、8 仏教、9 墳墓。それぞれ挿入写真を用いた解説は、“歴史考古学百科”の観を呈したものであった。

すでに八木によって日本考古学の時代区分として位置づけられた歴（有）史時代は、後藤により、先史、原史、歴史時代の認識に立脚して歴史考古学となった。ただし、その基底には、日本考古学の父と呼ばれる濱田耕作の考古学観（『通論考古学』1922）が流れていた。濱田は「過去人類の物質的資料に拠り人類の過去を研究する」のが考古学であると主張しつつ、文献史料の存否多寡について触れ、文献存在の時代を「歴史考古学」として研究する方向性を示していたのである。物質的資料を研究の対象とする考古学が、文献（文字）史料の存否多寡によって時代を区分するのは、方法上の矛盾であったが、かかる認識は、先史考古学、歴史考古学として現在においても慣用されている。先史考古学は、石器時代研究の分野、歴史考古学は文献（文字）史学で用いられている古代・中世・近世・近代の各時代を研究する分野として用いられている。

歴史考古学は、後藤の概説以降、現在にいたるも用いられ、考古学の講座（『日本の考古学』Ⅵ・Ⅶ、歴史時代上下 1966・1967)、辞典（『歴史考古学大辞典』2007）に用いられている。

なお、歴史考古学は「それぞれ異質的な二つの言葉の結合であり……理論的に……成立し得ない」ものであり、考古学の時代区分としては「明白に自己背反」であると説く角田文衛の主張がある（『古代学序説』1954)。

2．歴史考古学の細分化

歴史時代の考古学の対象は多岐にわたっている。時間的には、古代・中世・近世・近代・現代に及んでいる。古代—飛鳥・奈良・平安時代の研究は、ヨーロッパのギリシャ・ローマの研究分野に準えて古典考古学と称されている。中世は、中世考古学、一部に戦国考古学の分野を包括し、近世は、近世考古学、一部に江戸考古学、近・現代は、近代考古学、一部に戦跡考古学と称されている分野を含んでいる。他方、古くから仏教考古学、神道考古学の提唱もあったが、近頃は、祭祀考古学、荘園考古学、戦国考古学、城郭考古学、キリシタン考古学、修験道考古学、戦跡考古学、水中考古学、山岳考古学、貨幣考古学などの諸分野を対象とする細分化が進められている。また、各時代と各地域の窯業生産に関する考古学、さらに、地震考古学の提唱もあり、対象分野がきわめて多岐にわたってきた。

このように細分化された歴史時代の対象を一括して提示すること

は頗る難事であるが、主要な遺跡を次に列記しておきたい。

中央の宮都と官衙、官道と地方の官衙、地方の都市と多様な集落、条里と用水、荘園と耕地、牧、窯業集落、鉱山と製鉄・製銅集落、漁撈と製塩の集落、工業集落、居館と城郭、井戸と上下水道、祭祀信仰、仏教・神道・修験道・キリシタンの諸施設、信仰の塚、交通、鋳銭工房などがある。それらにはさらに多くの遺構・遺物が含まれているし、さらに、文字史料（木簡・漆紙文書・記銘瓦・墨書刻書土器・金石文など）の検出も各時代の各種遺跡から相次いでいる。

歴史考古学で扱うモノは、歴史的資（史）料のすべてであり、対象の物質的資料の存在状態は発掘されたモノ、地上に伝存しているモノ、と言える。

3．歴史考古学の方法

歴史考古学の対象と方法については、考古学の方法によって日本の歴史を通観した藤本強の意欲的な著作『モノが語る日本列島史―旧石器から江戸時代まで―』（1994）がある。サブタイトルに「旧石器から江戸」とあるように、日本列島に展観したヒトの歴史をモノを通して物語った労作として知られている。石に木を継ぎ鉄を繋いだ通史ではなく、すべてのモノを軸にすえて、著者なりの歴史観によって書かれたものである。

歴史時代については、「背伸びした統一国家―奈良・平安時代―」「日本的な社会へ―鎌倉・室町・戦国時代―」「各種の史料の狭間で―江戸時代―」、加えて、中～近世の間に著者独自の視点「列島の北と南」を挿入している。

そこには、現行の歴史考古学の概説書とは、一味違うモノを使った叙事が述べられているのが注目されよう。考古学の資料を用いて、従来、そして現在においても語られている事変を改めて検討する必要が説かれている例がある。

織田信長（1534〜1582）の「比叡山焼打ちの真相」である。信長は、1571（元亀２）年に「日吉社の山王二十一社や延暦寺の根本中堂、大講堂をはじめとする堂舎を一宇も余すところなく焼き払い」「400〜500 の堂舎が灰燼」「3000 人」の犠牲者がでたとされている。しかし、比叡山三塔（東塔・西塔・横川）の発掘調査の結果、元亀焼亡は、根本中堂と大講堂の２棟のみであることが明らかになった。主戦場は、山麓の坂本（日吉社付近）であったことが判明したのである。このような事実は、出土遺物の検討によっても裏付けられた。この「真相」は、考古学の方法による結果と言えよう。

このほか兼康保明の『考古学推理帖』（1996）には、「怪談皿屋敷の皿」などモノを通して歴史の実相を解明した歴史考古学の成果が説かれている。また、最近の調査により「桜田門外の変」の主人公・井伊直弼の墓所の真相について問題が提起されたが、これも歴史考古学の本領が発揮される一例となるであろう。

第1章　近・現代—戦争の爪痕・近代の幕開け—

1．近・現代の考古学

日本の歴史上、封建制社会の近世につづく資本主義社会は、近代と称され、明治維新（1868）以降、太平洋戦争の終結（1945）までを指している。その間、日清（1894～1895）、日露（1904～1905）、日中（1937～）・太平洋（1941～1945）戦争を経験し、一方、横浜（1881）、濃尾（1891）、三陸沖（1896、津波）、陸羽（1896）、芸予（1905）、仙北（1914）、大町（1918）、関東大震災（1923）、北伊豆（1930）、三陸沖（1933、津波）、鳥取（1943）、東南海（1941）、三河（1945）などの大地震、阿蘇、雲仙、霧島、浅間、伊豆大島、三宅島、有珠などの諸火山の噴火などの自然災害を体験してきた。さらに、これらに加え経済活動の変容に伴うリスクなど、近代の日本は流動的なうねりに翻弄されてきたが、他方、科学技術の発達は、近世とは隔りのある社会を形成してきた。

明治維新の後、外国からの新技術の導入と御雇外国人の来日は、工業の発達を促し、教育文化を振興し、各地に革新的な建築などを定着させることになっていった。それら各地の拠点は、軍隊の駐留地であり学校教育の場であり、港湾・都市域であった。

これらの場からは、日常生活の残滓としての物質的遺物が出土し、往時の生活用具を把握することができる。同様なことは、農・漁・

鉱・工業の場においても見出されることは当然であり、日常生活の実際を垣間見ることが可能である。

近現代の考古学については1990年代以降と言われていることでも知られるように、1970年代に着手された近世考古学より新しい分野である。

2．戦跡考古学

アジア・太平洋戦争が終結して68年。この間、日本考古学も多様な展開を見せてきた。とくに、近～現代の歩みを考古学の方法（物質的資料の調査と研究）によって検証する方向が定着してきた。

近年、明治時代以降の戦争遺跡に関する調査研究も進み、世間の注目を集めている。

西南戦争の戦跡（熊本県植木町・玉東町）では、激戦地「田原坂」の南東約4.5 kmの幅50～100 mの浅い谷を挟んで、政府軍のスナイドル銃（後装式）と西郷軍のエンフィールド銃（前装式）の薬莢などが、それぞれ発掘され、指呼の間で銃撃戦が行われたことが明らかになった。

板東俘虜収容所（徳島県鳴門市）は第1次世界大戦時に中国・青島における戦闘によって日本軍の俘虜となったドイツ軍兵士の収容施設として建設され、1917年から19年にかけて最も多い時には千余名が収容された。約5万7000 m²の広大な敷地に兵舎8棟（長さ72 m）、将校専用収容棟、管理棟、生活関連施設が整然と配置され、現在は「鳴門市ドイツ村公園」となっている。

調査は、1919年にドイツ人ヤコビが製図した「要図」中に兵舎

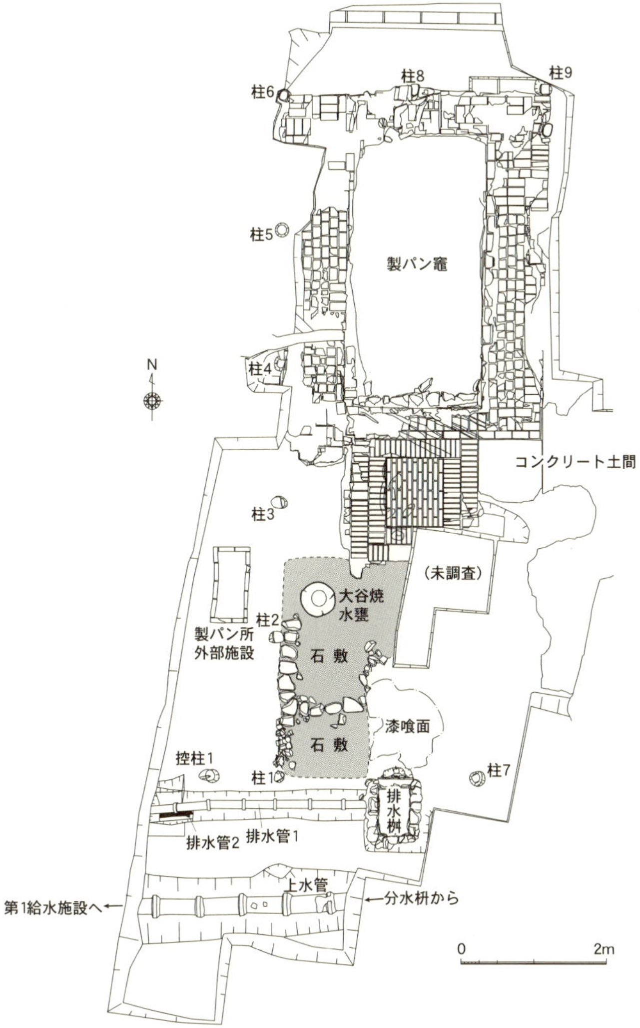

図１　板東俘虜収容所跡施設配置図（徳島県鳴門市）

図２　板東俘虜収容所第１給水施設跡

図３　板東俘虜収容所廠舎第５棟跡

（第5・6棟）、食堂・浴場、製パン所と記載されている地域で行われた。とくに製パン所跡では石窯（パン窯）とレンガ積み煙突の痕跡が発掘された。ドイツ兵によって設計築窯された可能性の高い遺構の発掘は、「ドイツ兵の慰霊碑」（1919年に俘虜が建立、徳島県指定史跡）ともども第１次世界大戦に係る歴史資料として伝えられることになった。南風原壕群（沖縄県南風原町）は、沖縄戦（1945年）に使用された病院壕で約30壕中の14壕が発掘され、遺骨、医療品などを通して実情が明らかになってきた。

太平洋戦争末期に本土決戦を意図して造られた向山戦争遺跡（高知県南国市）の発掘でも、土佐湾に直面した山腹に坑道（110 m）、交通壕（７条）、陣地遺構（13基）などが見出され、多くの見学者を集めた。

同時期のものでは、慶応義塾大学日吉キャンパス（横浜市港北区）に帝国海軍の中枢部（連合艦隊司令部、軍令部第三部――情報部、艦政本部など――）が設置された日吉台地下壕の一部が、体育館の新築工事中に確認された。地下壕は延べ約2.6 km、壕は厚さ約40 cmのコンクリートで覆われ、中には蛍光灯の配線の痕跡もあった。発掘によって出入り口の部分にコンクリート舗装の通路が付けられていることがわかった。慶応義塾大学では、学外者を加えた「日吉台地下壕に関する諮問委員会」による答申を得て付近を発掘、壕入口部の施設などを明らかにし、体育館の建設位置を移動して壕を保存し、教育研究の資料として活用する方向を示した。1945年8月15日まで使用されていた旧日本海軍の司令部壕が地上の建物とともに保存され、昭和の戦争遺跡として永く後世に伝えられること

図4　旧陸軍調布飛行場白糸台掩体壕の発掘調査（東京都府中市）

図5　復元、公開されている白糸台掩体壕

が期待されている。

そのほか明治大学では生田キャンパス（神奈川県川崎市）に残る旧陸軍の謀略研究施設（陸軍登戸研究所）を改修して「登戸研究所資料館」を開設し、生物化学兵器の実験道具、風船爆弾の模型などを展示して教育研究の場を公開した。

白糸台掩体壕（東京都府中市）の発掘を伴う保存整備は、行政が太平洋戦争時の資料を積極的に公有化し、将来に伝える識見として評価される。旧陸軍の調布飛行場の周辺には、戦闘機を隠すための掩体壕が多く設けられていたが、府中市と三鷹市に各2基が残るのみとなった。白糸台は保存状況が良好で調査の結果、戦闘機「飛燕」の掩体壕であることが判明した。白糸台に残る1基は1944年に突貫工事で構築された有蓋30基中の一つである。戦闘機飛燕を格納した壕は、鉄筋コンクリート造りの約12 m四方、高さ約3 m、砂利敷きの粗悪なものであることが明らかにされた。府中市は平和都市宣言20周年を機に約500 m^2を購入し、発掘の後、史跡に指定して公開した。失われつつある掩体壕に対して、1995年に旧宇佐海軍航空隊の城井1号掩体壕（大分県宇佐市）が宇佐市の史跡として指定されて以来、数例が登録有形文化財などとして保存公開されているにすぎない。

1996年に世界文化遺産に登録された原爆ドーム（広島県）は、戦争遺跡の象徴であるが、沖縄における多くの戦争遺跡をはじめ全国にそれぞれの地の戦争体験の場として残されている。

近代の歴史は、日清、日露、アジア・太平洋戦争とともに展開した。戦争を抜きに語ることのできないこの時代の物言わぬ証言者こそ、考古学が対象とする物質的資料である。文化庁は2002年から2005年にわたって近代遺跡（政治・軍事）の詳細調査を実施した。近く調査の結果が遺跡分布図などを収めて公にされるであろうが、各自治体においても関連遺跡の遺存状態をあらためて調査することが期待される。

近～現代史の研究にとって、考古学的方法――考古学分野の参画――が、いま、もっとも望まれている。

3．近代化遺産

日本の考古学が近現代を研究対象とするようになったのは最近のことである。1960年代以降、イギリスにおいて展開した産業革命期の「産業遺産」の記録化と保存・活用の視点は、1977年に産業考古学会の発足によって移入され、日本独自の「近代化遺産」のネーミングとして定着した。

1996年から文化庁が着手した近代化遺産＝近代遺跡の全国的調査は、鉱山・エネルギー産業・重工業・軽工業・交通運輸通信業・商業金融業・農林水産業・社会・政治・文化などの分野に及んでいる。他方、1984年に提唱された「戦跡考古学」は、近代遺跡としての戦争遺跡に対する社会的関心も高まり、近現代を考古学の方法で調査研究する方向が着実に進められてきた。

九州の近代化遺産として知られる八幡製鉄所や三井三池炭鉱などを世界遺産に登録しようとする動き、ニイタカヤマノボレを発信したとされる針尾無線塔（長崎県佐世保市）の重要文化財指定申請の方針は、1995年に国史跡に指定された原爆ドーム（広島県）に対

図6　汐留駅舎跡（東京都港区）

図7　汐留駅跡のプラットホーム

図8　汐留機関車転車台跡

図9　たくさん出土した通称「汽車土瓶」

する関心ともども、近現代の遺跡を保存活用する必要性が高まっていることを示している。

考古学の研究にとって遺跡の発掘調査は、対象資料を得る有効な手段であり、近現代においても同様である。1872 年、新橋—横浜間に開業した日本最初の鉄道の施設・新橋停車場跡が汐留遺跡（東京都）の発掘によって駅舎・プラットホーム・機関車転車台など、開業時の施設がほぼ明らかにされ、その一部が保存公開されていることは周知されている。

江戸発展の原動力となった近世の玉川上水（1654 年竣工）は、水源から四谷大木戸まで延長約 43 km、幅約 5.5 m の素掘が残されており、2003 年には国の史跡に指定された。現在は水道源水導水路としての機能は失われているが、清流復活事業が実施され、緑と水の空間として都民に親しまれている。近世土木施設遺構をどのように維持管理し将来に伝えていくか、東京都水道局は「玉川上水保存管理計画策定に関する委員会」を組織して検討を重ねてきたが、整備活用の方向が定められ、今後の展開が注目されている。

このほか全国的に近現代遺跡の発掘が実施され、日本考古学の新しい潮流として位置づけられている。なかでも、石炭産業に関する遺跡は日本産業史の中核を占める歴史的資料である。1885 年の開坑から 1966 年の坑口閉鎖まで一貫して国営の炭鉱として操業された志免鉱業所（福岡県志免町）の発掘調査が 2000 年～ 2004 年にかけて実施された。発掘は、生産施設と管理施設が対象であり、建物・土坑・溝が検出され、それに伴って多種多様の遺物が出土した。発掘遺構には、建物・井戸・石炭貯蔵場・倉庫のほか、排水用の溝

図 10　上空からみた志免鉱業所（福岡県志免町）

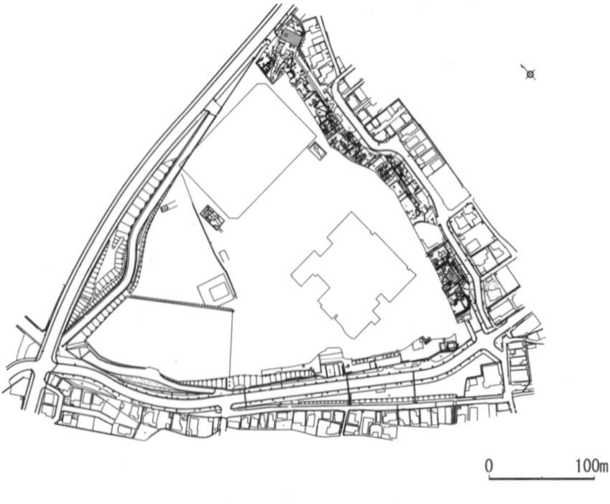

図 11　志免鉱業所遺構図

・軌条、さらに鋳造施設・鍛造施設・鋳物場・排気坑口などがあり、それらは4期（1期1906〜1928、2期1929〜1947、3期1948〜1964、4期1965〜1976）にわたっている。

わが国の石炭採掘は、ほぼ18世紀中頃以降、福岡藩などで行われ、19世紀に入ると組織的に実施されるようになった。明治政府は民部省のもとに石炭産業が掌握されるようになっていくが、筑豊の糟屋炭田の主力であった志免鉱業所は、石炭鉱業史上において注目される存在であった。志免鉱業所の発掘は、日本石炭産業史を考古学の視点で調査した先駆的な例、として位置づけられている。

また、松輪ヤキバの塚遺跡（神奈川県）の計画的発掘は、貝塚——ゴミ捨て場（東西約20 m、南北約15 m、高さ2.5 m）——を考古学の方法で究明する試みで、明治初期からごく近年までの遺物が出土し、都市の近郊に立地している漁村の生活の痕跡が把握された。今後における近現代考古学の方向性を提示した意欲的な事例として注目されている。

発掘調査を伴わない近現代考古学も活発に行われている。多くの近代化遺産、戦争遺跡、戦争碑、墓標、石塔婆などを対象とする調査が進展しつつあり、近世以前の考古学分野と同様にモノを通しての近現代の実像究明に大きな役割を果たしつつある。

4．築地外国人居留地の発掘

東京都中央区明石町1番6号は、1869年1月1日の東京開市宣言により開かれた築地外国人居留地であり、1872年から1899年の同地の廃止まで使用された。

この地は、1679（延宝７）年までに埋められたところで、江戸時代には鉄砲州と呼ばれてきた。

2000年８月～12月にかけて中央区の旧第２中学校敷地の発掘が行われた。同地は、居留地45～47番に該当し、1882年～1910年頃までサン・モール会（現雙葉学園の前身）の修道院聖堂の敷地であった。

調査の結果、豊後岡藩（70440石）上屋敷の建物跡・池・下水・穴蔵などの遺構、陶磁器などの日常用具に加え、穴蔵から多量の文書類が出土した。文書は、1836（天保７）年に同地を拝領した藩主（11代久教）中川修理大夫関係の記録であった。その上層の居留地の生活面からはゴミ穴が検出され、西洋陶磁器・ワインボトル・クレイパイプ・獣骨などが出土した。

築地外国人居留地は、日本における近代の都市計画として、銀座の煉瓦街とともに、近代都市土工の先駆として注目されている。ホテル・病院・教会・学校・商社・波止場などが設けられ、計画的に配された道路ともども近代都市の諸機能が集中的に造られた。

現在、東京都中央区の街の中に埋れているが、考古学的発掘の試みは、外国人の居留地として計画的に造られた近代都市の姿を当時の生活の残滓—遺物を通して把握することが可能である。そこでは外国製品と日本製品が伴出することが明らかにされ、諸外国と日本との接点を物語る資料が出土している。

『近代文化の原点—築地居留地』誌の発行を続けている築地居留地研究会の史料収集とともに埋れた資料の発掘によって、具体的に外国人居留地の息吹きを感じることができる。

図12　明石町遺跡南区居留地時代の生活面（東京都中央区）

図13　中川久留子《くるす》が施された瓦

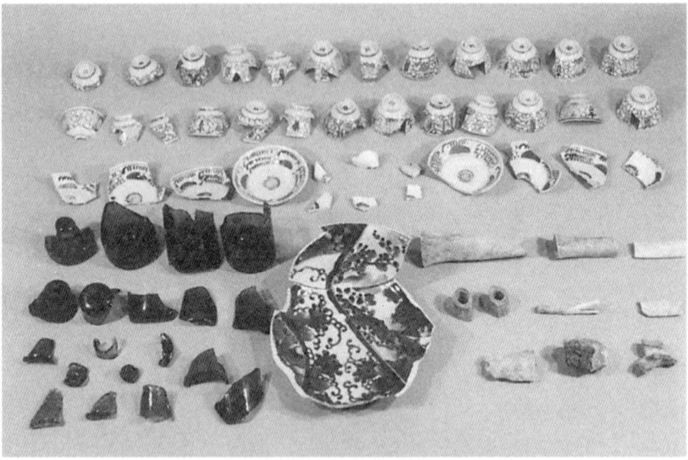

図 14　明石町遺跡 354 号遺構出土遺物

図 15　明石町遺跡 445 号遺構出土遺物

５．仏教と神道

富山市の大法寺（草野寛行住職）で、銘が戒名で書かれた富山藩歴代藩主の墓の拓本が見つかった。現在の墓石と拓本の比較検討を行ったところ拓本の大きさや輪郭が長岡御廟の墓とほぼ一致しているほか、墓石の表面を深く削ったところに神道式の銘があり、改刻の跡が歴然としていることが判明した。

２代目藩主正甫の場合、拓本は「正甫院殿従四位大府侍即天心日菅大居士」という戒名になっているが、墓には「贈従三位大蔵大輔菅原朝臣正甫之墓」と刻まれている。

明治維新後になくなった大名華族が、墓の銘を神道式とした例は少なくない。しかし、先祖の墓までさかのぼって改めるのは、改葬された場合に限られていた。唯一、加賀藩前田家の野田山墓所（石川県金沢市）で改刻されていたのが、前田家の歴史を記録した「温故集録」などの文献で、2007年度までに確認されていただけだった。

第2章　中・近世―武士の活躍と民の台頭―

1．近世大名家墓所と考古学

近年、近世の大名家関係墓所の調査が、改修・移築に伴って行われている。

近世大名の総数は260～270、親藩（御三家、門家）、譜代、外様に大別されていた。諸大名は、領地支配権を有するとともに徳川将軍に対して奉公の義務を負い、武家諸法度の改正（寛永12［1635］年）により制度化された参勤交代が定められ、江戸表と在国の二重生活が課せられていた。そのため国元と江戸に屋敷を構えることが必要であった。

御府内の屋敷（上・中・下）と国元の城と屋敷の維持は参勤交代に要する経費ともども財政的な負担として多くの藩を圧迫していた。加えて国元と江戸表に墓所を有していた藩にとって、藩祖以来の墓所の造営、参詣、祭祀行事に要する経費は決して少なくなかった。ときとして藩主と室などの葬儀に関する多額の出費もあったことは容易に推察される。

大名家の国元における墓所の造営は、権威の象徴として廟所の設置など地上の諸施設に意を配することも肝要であった。墓所は、まさに大名家のシンボルとして造営され機能していた。

近世大名家の墓所は、徳川幕府の崩壊に伴う神仏分離、さらには廃藩置県の結果、一部の旧大名墓所を例外として、多くは参詣・祭祀が不如意となり、往時の威容も次第に忘れられるようになっていった。しかし、その墓所は、藩主を頂点とした地域のヒエラルキーの具象として近世史を考える重要な資料である。一方、旧藩主家にとっては祖先の霊屋・墓所として侵すことのできない霊域であったにもかかわらず、時世の変転は墓域の維持管理面の対応に不測の事態の生起を止めることができない例が相次ぐようになっていった。

遅ればせながら、大名墓が国の史跡として指定されるようになったのは 1962 年の新庄藩戸沢家墓所（山形県新庄市、瑞霊院・桂巌寺）が嚆矢であった。爾来、約 20 の指定がなされているにすぎない。

日本の考古学において近世を対象とする分野の調査・研究が意識的に試みられるようになったのは 1970 年代のことである。当初、それは一部の識者によって進められてきたが、1980 年代に入ると全国各地で近世考古学の研究会が組織され、近世遺跡の発掘も次第に多くなってきた。しかし、発掘の対象は、大都市の再開発に伴った事例が主であり、近世遺跡の発掘が決して一般化される傾向は認められなかった。なかでも、近世墓地の調査は、再開発時に偶々発掘された例を除けば、改葬の時、また、墓標などの移築、修復による場合においても実施されることは稀であった。

近世墓地の発掘が不十分であったのに対して、地上の墓標（塔形・非塔形）の調査は各地で行われ、各類型の形態的変化と刻（金石）文の研究は多岐にわたって実施された。本来、葬・墓制の研究は、地上の資料（墓標など）と地下の資料（壙と埋葬主体部など）を一体化してこそ基盤資料の整備が果たされることは言うまでもない。しかし、かかる視点による調査は、諸般の事情によって容易ではなかった。

考古学的視点から近世大名墓の発掘調査が実施された若干の例は次の通りである。

1958年～1960年　徳川宗家、将軍墓（2代秀忠、徳川綱重、6代家宣、7代家継、9代家重、12代家慶、14代家茂）と裏方墓所ほか

1964年　岡山藩主池田忠雄、加藤主膳正墓所

1974年、1981年、1983年　仙台藩伊達家藩主（初代正宗、2代忠宗、3代綱吉）墓所

1982年　長岡藩牧野家藩主（2・4～11・14代藩主）と裏方墓所

1980年代～2000年代　尾張藩主墓所の諸例

1996年～1997年　盛岡藩南部家藩主3代重直墓所

1997年～2002年　米沢藩千代藩主正室、熊本藩2代藩主側室墓所ほか

2007年～2009年　徳川将軍家谷中寛永寺裏方墓所ほか

2009年　深溝松平家7代藩主（松平忠雄）墓所

2009年　彦根藩井伊家13代藩主（井伊直弼）墓所ほか

他方、主体部の発掘を伴わない調査は、加賀藩前田家藩主墓所、会津藩松平家藩主墓所、松前藩松前家藩主墓所、薩摩藩島津家藩主墓所など各地で実施されており、墓域・墓所の墓標集成など考古学的な表面調査により整備と保存の方向性が、漸く見られるようになってきた。

このような気運は、全国の大名墓を視野に入れた大名墓研究会の発足により、各地域の大名墓の現状と調査の動きについて情報を共有し、保存の方向性を考える場が設けられた。すでに、彦根藩主井伊家、加賀藩主前田家、福岡藩主黒田家、対馬藩主宗家、久留米藩主有馬家、熊本藩主細川家、岡山藩主池田家、松江藩主堀尾家、徳島藩主蜂須賀家、土佐藩主山内家などの国元に営まれた墓所の調査状況が報告された。

それらを通して、各地域に認められている諸大名墓の調査と保存の状況が明らかにされ、『近世大名墓所要覧』(2010)によって動向が示されるようになってきたことは、大名墓の調査研究の流れとして注意されるであろう。

2．寛永寺の徳川将軍家裏方墓所

徳川将軍の墓所は、初代家康(1542〜1616)、3代家光(1604〜1651)は日光東照宮(栃木県)、2代秀忠(1579〜1632)、6代家宣(1662〜1712)、7代家継(1705〜1716)、9代家重(1711〜1761)、12代家慶(1793〜1853)、14代家茂(1846〜1866)の6将軍は増上寺(東京都港区)に、4代家綱(1641〜1680)、5代綱吉(1646〜1709)、8代吉宗(1684〜1751)、10代家治(1737〜1786)、11代家斉(1773〜1841)、13代家定(1824〜1858)の6将軍は寛永寺(東京都台東区)に、それぞれ営まれた。正室・側室・子女・生母などの裏方の墓所も各将軍墓の墓所に営まれるのが原則であったが、伝通院(東京都文京区)と池上本門寺(東京都大田区)にも例外的に埋葬されている。

図16　上空からみた寛永寺御裏方霊廟全景

増上寺の将軍墓（と裏方墓）については、1958年4月～1960年1月にわたる墓所の改葬に伴い、人類学、考古学、歴史学などの関係者によって学際的調査が実施された。

寛永寺には、4代家綱（1641～1680）・厳有院殿、5代綱吉（1646～1709）・常憲院殿、8代吉宗（1684～1751）・有徳院殿、10代家治（1737～1786）・浚明院殿、11代家斉（1773～1841）・文恭院殿、13代家定（1824～1858）・温恭院殿の6将軍葬地が営まれた。一方、徳川将軍家の菩提所増上寺には、2代秀忠・台徳院殿、6代家宣（1662～1712）・文昭院殿、7代家継（1705～1716）・有章院殿、9代家重（1711～1761）・惇信院殿、12代家慶（1793～1853）・慎徳院殿、14代家茂（1846～1866）・昭徳院殿の6将軍葬地が営まれた。

初代家康・東照大権現、3代家光・大猷院殿は、日光山東照宮に

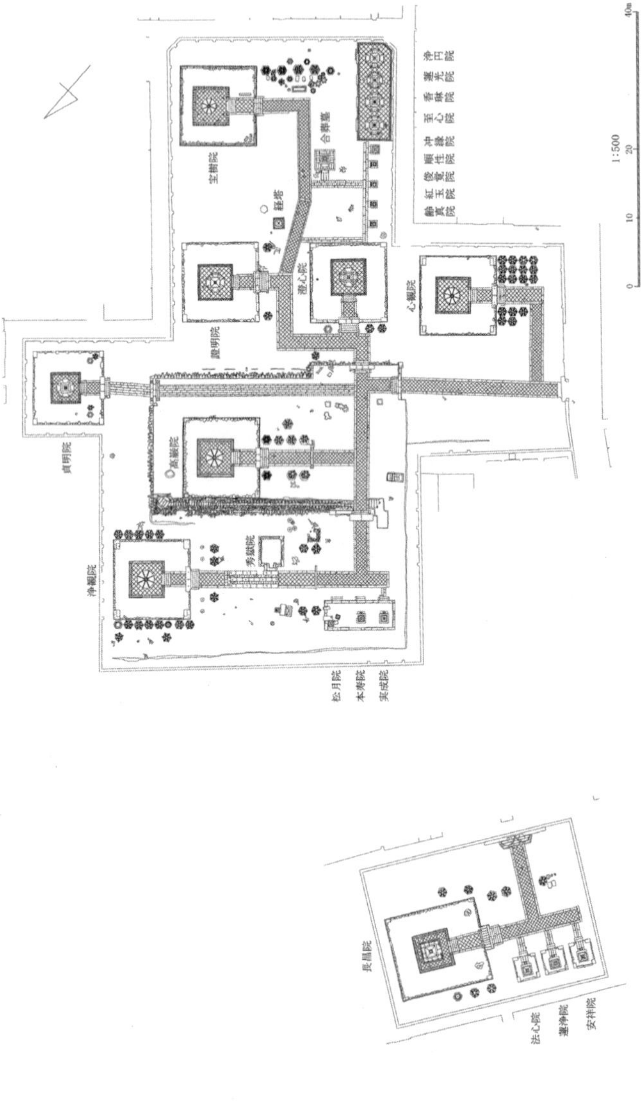

図17　寛永寺徳川将軍墓御裏方霊廟遺構図

霊廟が造営されたが、寛永寺、増上寺には、2代・4代・14代将軍の葬地が造営されるとともに、歴代将軍の正室・側室・子女・生母の葬地としての御裏方葬地が形成されていった。また、伝通院（将軍生母・正室・側室・子女）、池上本門寺（将軍生母・正室・側室）にも葬地が営まれた。

このように徳川将軍とその御裏方などの霊廟葬地については、日光山・寛永寺・増上寺に、また、御裏方墓所が伝通院・池上本門寺にも造営され、のち歴世にわたり、徳川宗家祭祀の対象となった。とくに、歴代将軍の祥月命日の将軍参詣は、明治維新にいたるまできわめて重要な徳川宗家の行事となっていたのである。

徳川宗家将軍霊廟は、寛永寺・増上寺ともに壮麗そのものであり、それぞれの造営時の代表的霊廟建築として、明治時代以降も膾炙され、1930（昭和5）年には国宝として指定された。しかし、1945年の東京大空襲によってほとんど失われた。

太平洋戦争時の罹災は、増上寺・寛永寺ともに甚大であり、その復興は両寺関係者にとって辛酸を極めたが、とくに増上寺の徳川家霊廟は、凄惨を極める状態となった。

1958年4月から1960年1月にかけて、増上寺の徳川将軍墓および御裏方墓所の改葬が行われ、改葬に伴う人類学・考古学・歴史学などの関係者による調査が試みられた。その結果については『増上寺徳川将軍墓とその遺品・遺体』（鈴木尚・矢島恭介・山辺知行編 1967）として上梓された。調査の結果は、まことに瞠目されるものであり、日本における近世宗主の葬墓制資料として世界の関係学界よりも注目されたのであった。

寛永寺においては、永年にわたって懸念されてきた徳川宗家御裏方墓所の御供養不如意の実情を解決すべく、2004（平成16）年に入って、改葬の儀が徳川宗家御当主と寛永寺当局において検討されるにいたった。

そして2006年11月以降、関係者により、改葬に伴う学術調査の方策が慎重に論議検討され、2007年4月～2008年9月の調査、2008年9月～2011年12月の整理調査・報告書作成作業が行われた。そして、改葬に伴う学術調査の報告書が刊行された。

徳川家御裏方墓所の被葬者は、未改葬墓（被葬者11)、改葬墓(被葬者13)、改葬合葬墓（被葬者45）であるが、改葬に伴う調査は、Ⅰ区の改葬墓4、Ⅱ区の未改葬墓11、改葬移築合葬墓9であり、とくにⅡ区に存在する江戸時代の未改葬墓7基などが注目された。

Ⅰ区の改葬墓は、長昌院殿大嶽台光大姉（於保良之方〈1640～1664〉、徳川綱重側室・6代家宣生母、善性寺〈谷中〉から1705年に改葬)、法心院殿遍浄宝覚大姉（於昆之方〈1681～1766〉、6代家宣側室、林光院〈寛永寺〉から改葬)、蓮浄院殿霊地慧萼大姉（於徳免之方〈？～1772〉、6代家宣側室、林光院〈寛永寺〉から改葬)、安祥院殿受徳光潤大姉（於遊喜之方〈1721～1789〉、9代家重側室・徳川重好生母、普門院〈寛永寺〉から改葬）の4基である。

Ⅰ区の現状は長方形で約740 m²で、西側に御三卿・清水徳川家の墓所が存在している。清水家墓所は1960年代に凌雲院（寛永寺子院）から改葬移築されたものであり、Ⅰ区とその西に接する地域は、6代家宣と清水徳川家の墓域である。

Ⅱ区の未改葬墓は、宝樹院殿華城天栄大姉（於楽之方〈1621～1652〉、3代家光側室・4代家綱生母）、高巌院殿月潤円真大姉（浅宮顕子〈1640～1676〉、4代家綱正室）、證明院殿智岸真恵大姉（比宮増子〈1711～1733〉、9代家重正室）、心観院殿浄地蓮生大姉（五十宮倫子〈1738～1771〉、10代家治正室）、浄観殿慈門姉信大姉（楽宮喬子〈1795～1840〉、12代家慶正室）、貞明院殿華月清蓮大姉（暉姫〈1826～1840〉、12代家慶六女）、澄心院殿珠現円照大姉（秀子〈1825～1850〉、13代家定正室）、本寿院殿遠常妙堅大姉（於美津之方〈1807～1885〉、12代家慶側室・13代家定生母）、松月院殿影光妙智大童子（松子〈1887～1889〉、16代家達長女）、実成院殿清操妙寿大姉（於操之方〈1821～1904〉、徳川斉順側室・14代家茂生母）、秀嶽院殿法雲英暉大居士（徳川家英〈1912～1936〉、17代家正長男）の11基であるが、とくに江戸時代に造営されたものが大半を占めている。

なお、Ⅱ区には、1928・1930・1934年に天徳寺（西久保）、幸龍寺（浅草）、福聚院（寛永寺）、凌雲院（寛永寺）から改装移築された合葬墓9基が存在する。

Ⅱ区の現状は、不整形の墓域で約3,760㎡を有し、西側に御三卿・田安徳川家の墓所が存在する。この田安徳川家墓所は、Ⅰ区西側の清水徳川家墓所と同じく1960年代に凌雲院から改装移築されたものである。また、南西側に浄光院殿円岸真珠大姉墓（1651～1709、5代綱吉正室）が存在していたが、1990年に徳川将軍西廟に改装移築された。

かかるⅡ区は、総じて歴代将軍家の御裏方墓所が約250年にわたって営まれていた地域であるが、その北側には明治維新以後、南側には昭和に入って改装移築された墓所が存在している。

改装に伴う学術調査の対象としてとくに注目されたのは、17 世紀の中頃から 19 世紀の中頃にかけて造営された 7 基の墓所（Ⅱ区に存在する未改葬墓）と 17 世紀中頃に改葬移築された墓所（Ⅰ区に存在する改葬墓）であった。すなわち、寛永寺に徳川宗家御裏方墓所として最初に設置された宝樹院殿墓に続き澄心院殿墓が造営され（その間に長昌院殿墓の改葬移築）、徳川宗家御裏方墓所が形成されていく時流のなかに築造された墓域であった。

それは、厳有院殿（4 代家綱）、常憲院殿（5 代綱吉）、有徳院殿（8 代吉宗）、浚明院殿（10 代家治）、文恭院殿（11 代家斉）、温恭院殿（13 代家定）各霊廟の造営次第とともに寛永寺徳川宗家裏方墓所の形成を理解するにあたって虚心坦懐に対応すべき歴史的背景の資料といえるものであった。

これらの各墓所の調査にあたっては、改葬を目的とする施設の解体であったため、記録化に万全を考慮したのは当然のことであった。

近世大名墓所の改葬調査例として、増上寺における徳川将軍墓所（2 代秀忠、6 代家宣、7 代家継、9 代家重、12 代家慶、14 代家茂）と御裏方墓所、岡山藩主池田忠雄、長岡藩主（2・4～11・14 代）と裏方墓、盛岡藩主南部重直、墓所再建調査例として仙台藩主（初代伊達政宗・2 代忠宗・3 代綱吉）の各墓所が知られているにすぎない。なかでも、増上寺の徳川将軍墓の調査所見は、きわめて重要であり、調査の指針となるものであった 。

寛永寺における徳川宗家の御裏方墓所の形成は、宝樹院殿墓所の造営が嚆矢であり、現在の墓域は、西面する長方形の空間を有している。最南端に宝樹院殿墓、その北方に離れて高巌院殿墓、そして南方の宝樹院殿墓の北側に證明院殿墓が位置し、その西北方に心観院殿墓が存在する。つぎに東北方の北端に浄観院殿墓所が、その南方に貞明院殿墓、ついで西南方の證明院殿墓の西方に澄心院墓所が、それぞれ造営されている。

かかる7墓所は、いずれも方形の基壇上に宝塔型標識を具備し、西面に造営されている。それぞれ、徳川将軍の正室と生母・子女の墓所であり、寛永寺における徳川宗家の御裏方墓所の中核をなしている。したがって、増上寺の徳川宗家の御裏方墓所とともに、徳川将軍の正室の葬墓制の実態を開明にすることが期待されたのであった。

宝樹院殿墓（3代家光側室、6代家宣生母）　宝樹院殿の墓所は、上部施設として、正方形（一辺 11.5 m）の第1基壇（高さ 1 m）を設置し、その上に略正方形（5.55 m× 5.68 m）第2基壇（高さ 0.8 m）を設け、西側の正面には階段が付けられている。中央には八角形を基調とする石（安山岩）製の宝塔を標識としている。

宝塔は、総高 3.52 m、塔身径 1.24 mを有し、八注造りの笠、八角形の塔身、反花座・基礎を有する。

宝塔の直下に主体部がある。深さ 1 mの方形（7.3 m× 7.2 m）砿の下方に、さらに深さ 1.162 mの正方形（辺 2.1 m）の砿があり、下方部には火葬骨を納めた石櫃が置かれていた。石櫃（111.5 cm× 100 cm× 95 cm）は、一石刳りぬきである。蓋は整形された2枚の切石によって被せられ、蓋の内面には金剛界大日如来の種子、周囲に光明真言などの梵字が墨書されている。また、櫃の底面には胎蔵界大日如来の種子を中心に不動明王の十九布字観が梵字で墨書されている。櫃内には火葬骨・灰に混じって「舎利禮文」が墨書された収骨輪桶の一部が炭化材、鉄釘・鋲、幡金具の残滓、樒葉などとともに見出され、櫃底には骨蔵器（肥前系有蓋白磁壺）が納められていた。また、周囲には合せ口のかわらけ5組が置かれ、下器内側に朱書き輪宝と墨書梵字（「ア」「バン」）が、籾殻の付着ともども認められた。そして合せ口のかわらけは布で包まれていた。鉄釘・鋲は遺体火葬時の木棺用材、幡金具残片は荼毘時に用いられた供養具の一つであり、火葬の様相を示している。収骨に際しての輪桶の検出は稀有の例である。石櫃、かわらけの墨書は、密教教儀に基づく葬儀礼の実態をよく示している。骨蔵器には火葬骨が6分目程度まで納入されていた。

高巌院殿墓（4代家綱正室） 高巌院殿の墓所は、上部施設として正方形（一辺11.66 m）第1基壇（高さ1.2 m）を設置し、その上に正方形（辺5.5 m）第2基壇（高さ0.8 m）を設け、西側の正面には階段が認められる。上基壇の中央に八角形の石造宝塔を標識としている。

宝塔は、安山岩製で、総高3.66 m、塔身径1.38 mである。宝珠・請花、覆鉢・露盤ともに一石造り、八注造りの笠をもち塔身・反花座・基礎は八角形である。

宝塔の直下、上部基壇中に石櫃が位置する。石櫃は、一石刳り抜きで正方形（一辺119.9 cm）を呈し高さは115 cm、蓋も一石の正方形（119.9 cm)、厚さ33 cmである。

蓋の内側に墓誌が5行にわたって陰刻されている。銘文中に「高

図18　高巌院墓全景

巌院贈従一位顕子女王」とあり、薨去（延宝4〈1676〉年）の後、一周忌（延宝5年）に贈られた「従一位」記載があることから、追贈以降に墓誌が作成されたことが明らかである。

石櫃の内部には、火葬骨の一部と大量の炭化材のほか、棺用材金具、葬送用具などが収められていた。遺体安置の木棺と運搬の髪に関する金属製品、荼毘時の供養具（幡・香炉など）のほか、朱の塊、塊中から検出された金糸・綿・織物・毛髪・墨書榙葉などが見出された。

骨蔵器は、大・小二つの肥前系有蓋白磁壺が用いられていた。ともに蓋付き壺で大壺には火葬骨が8分目程度、小壺には3片の火葬骨が収められていた。石櫃中に大・小二つの骨蔵器が収められていた例は、8代将軍吉宗の実姉、圓光院殿日泉榮壽大姉墓（宝永2

〈1705〉年逝去、山形藩4代藩主上杉綱憲正室、池上本門寺）に見られる。

證明院殿墓（9代家重正室） 證明院殿の墓所は御裏方墓所の南、宝樹院殿墓所の北に位置する。上部施設として、正方形（11.76 m×11.54 m）第1基壇（高さ1 m）とその上は正方形（辺5.26 m）の第2基壇（高さ0.66 m）を設けている。中央には現存高3.19 m、塔身径0.97 mの八角座の宝塔を建てている。

宝塔は、相輪部の九輪の一部を欠くが、請花・露盤と一石作りである。塔身は円形、笠は宝形、反花座・基礎は八角形重層3段、安山岩で構築されている。

埋葬施設は、壙（4 m〈東西〉×4.7 m〈南北〉、深さ1.2 m）中の5段築石の石室（一辺1.92 mの正方形、高さ1.98 m）を造り、中央に4段重ねの側石を用いた石槨（一辺1.48 mの正方形、高さ1.56 m）で、蓋石（各35.4〜39.5 cm× 158.5〜159.6 cm、厚さ22.5〜23.7 cmの4枚構成）を配する。石室と石槨の間、蓋の上部は三和土で充填し被覆されている。石槨中に木棺が安置さていたことが、充満石灰粒のあり方から想定される（一辺0.78 mの正方形、高さ0.98 m）。

副葬品は、黒漆金泥蓋の日時計（文字盤鉛ガラス、十二支表記は金泥）、黒漆金箔の櫛などである。なお、抹香が検出されている。

南西脇に4段積み方形壇をもつ宝塔（安山岩製）が存在する。笠は方形、塔身は円形、反花座の下には八角形基礎がつけられ、その下部に破損した石箱（復元値、縦48 cm、横52 cm、高さ47.5 cm）が見出された。塔身にはキリーク（西）、アク（北）、ウン（東）、タラーク（南）の陰刻種子が見られ、内部に径 27 cm、高さ 21.5 cm の空洞中に銅製経筒が納められていた。基礎 4 面には「寶篋印陀羅尼」が陰刻されている。撰文は、凌雲院前大僧正継天である。塔身納置の経筒には、2 枚の銅板と版経（残滓化）が納められていた。銅板は「一切如来秘密全身舎利寶篋印陀羅尼」（梵字）と「寶篋印陀羅尼塔記」であり、版経は寶篋印陀羅尼経である。基礎の銘文により、善成院真譽智性尼〔證明院殿侍女の然諾により櫻井氏（同）〕が本来の願主であり、従宣（寛永寺春性院住職）が継天の撰文により記したことがわかる。継天撰文は「明和＝乙酉年夏五月下浣」、従宣の謹記は「明和＝乙酉夏六月十九日」で記載されている。

以上によって、本塔の塔形は宝塔型を有するが宝篋印陀羅尼を納めた造塔であることが知られた。

心観院殿墓（10 代家治正室）　心観院殿の墓所は御裏方墓所の中央西端に位置している。上部施設として、正方形（11.72 m × 11.64 m）の第 1 基壇（高さ 1.22 m）と正方形（5.28 m ×5.34 m）の第 2 基壇（高さ 0.7 m 上限）上に、八角形の塔身を有する宝塔が建てられている。

宝塔の高さは 4 m、塔身の径は 1.37 m である。宝珠・請花・覆鉢・露盤は一石造り、笠・露盤ともに塔身と同様に八角形である。塔身は刳り抜かれて中空、その内部は全面に金箔が施され、石製台座上に仏像が置かれていたと考えられる。反花座は八角形を呈する安山岩製である。

宝塔下部に埋葬施設が位置し、6 m（東西）×4.54 m（南北）、深さ 2.42 m の壙、1.94 m 四方の 4 段築石による石室（高さ 1.7 m）、

1.66 mの正方形（高さ 1.5 m）の石槨が造られている。石槨には 5 枚の長方形石材（各 30.5～35.0 cm× 160 cm× 160.5 cm、厚さ 20 cm）を用いた蓋石が被っている。蓋下面には 8 桁 95 字の墓誌が陰刻されている。墓誌には「明和八年辛卯八月二十日薨九月二十三日敕贈従二位葬千東叡山上」とあり、構築の時点を示している。石槨中に木製の槨と棺の存在が知られ、石槨の内側に石灰が充填され、木槨の下部には槨台金具類が残存していた。

副葬品としては若干の銅製品残滓と金糸片のみで、他に抹香が認められた。

浄観院殿墓（12 代家慶正室） 浄観院殿の墓所は、御裏方墓所の北端に位置している。上部施設は、11.64 m× 11.64 mの正方形を呈する第 1 基壇（高さ 0.9 m）の上に 5.32 m× 5.32 mの正方形の第 2 基壇（高さ 0.7 m現状）があり、八角形状の宝塔を標識としている。

宝塔は高さ 3.68 m、塔身の直径は 1.37 mであり、宝珠・請花・覆鉢・露盤は一石造り、請花は 8 、露盤は八角形、笠も八注造りである。塔身は八角形、内部は刳り抜かれて中空、内面には全面に金箔が押されている。反花座も八角形、基礎も同形である。安山岩製。

埋葬の下部施設は、辺 13 mの正方形の壙の内に 8 段の築石を側面にもつ一辺 3.34 m、高さ 3.1 mの石室を置く。石室の中に石槨（一辺 2.9 mの四方形、高さ 2.9 m）を造り、7 点の石材で蓋石としている。蓋石は各 38～42 cm× 289～290 cm、厚さ 27 cmを算し、下面は平坦に磨かれている。その面に 15 行 189 字の墓誌が陰刻されている。「天保十一年庚子正月二十四日薨」の後、2 月 27 日に従二位が追贈されているため、刻文中「天保十一年庚子春三月」と記

図19　浄観院墓全景

図20　浄観院墓遺構図

図21　浄観院墓出土の念持仏

されている。石槨内には木槨・木棺を石灰で覆った後に石蓋（墓誌）を被せたことが知られた。木製槨は外側で一辺1.14 mの正方形（高さ1.18 m）、内側で1.11 m（高さ1.16 m）あり、中に木製の棺があり、さらに、その内側に遺体を納める木製内棺（内側で一辺0.78 m四方、高さ0.96 m）が銅皿（厚さ2 mmの側面3枚、底面1枚の鋲留め細工）にのせられていた。木槨・木棺の懸垂に伴う縄の存在なども確認された。

副葬品は、佩用品を含んで多種であった。衣類・化粧道具・文房具（爪切り用）・眼鏡・義歯・檜扇などのほか、仏舎利・仏像・経典・数珠などに及んでいる。とくに、水晶製の棗形舎利容器に納められた仏舎利、それぞれ厨子に納められていた2躯の念持仏は注目される。厨子1は、木製の金蒔絵で装飾されて観音開きの扉の外面、左側に「菊」、右側に「葵」が描かれ、阿弥陀仏の立像が納められ、厨子2は、木製黒漆で不動明王の座像が納められていた。また、曹洞宗由来の血脈、浅草寺の御守り、絹布黒書の写経（金光明最勝王経、観虚空蔵菩薩経ほか）の存在は、多数（約400枚）の名号黒書樒葉の出土ともども、浄観院殿の日頃の信仰生活と近侍した人たちの心情を彷彿とさせるものといえよう。

貞明院殿墓（12代家慶六女）　貞明院殿の墓所は、御裏方墓所の中央東端に存在する。正方形（10.8 m×10.72 m）の第1基壇（高さ0.72 m）の上に同様に正方形（4.46 m× 4.54 m）の第2 基壇（高さ0.52 m現在）が見られ、標識は宝塔形、高さは3.62 m、塔身の直径は0.93 mの円形である。

宝塔は、宝珠・上請花・九輪・下請花・覆鉢・露盤は一石、塔身の内部は中空で内面には金箔が押されている。安山岩製である。

埋葬施設は宝塔下に存在する。4.7 m（東西）と4.5 m（南北）の方形状、深さ1.4 mの壙の中央に、正方形（一辺2.34 m）の石室が設置されている。石室の中には正方形（一辺1.5 m、高さ1.68 m）の石槨がある。石槨の蓋は6枚の長方形石材（各32〜35 cm× 204〜206 cm、厚さ22〜24 cm）を用い、下面に11行115字の墓誌が陰刻されている。「天保十一年庚子夏五月」の銘があり、5月8日逝去の直後の撰文であることが知られる。石槨には、木製の槨の中に正方形（一辺約0.8 m）の木棺が納められていた。抹香封入の木棺には、軸頭と磁器碗と眉作箆が検出された。

澄心院殿墓（13 代家定正室） 澄心院殿の墓所は、御裏方墓所の南方、證明院殿墓の西、心観院殿墓の東南方に位置している。上部施設は、正方形（11.69 m × 11.58 m）の第 1 基壇（高さ 1.28 m）、同形（一辺 5.34 m）の第 2 基壇（高さ 0.56 m 現状）を有し、標識は宝塔である。

宝塔は、高さ 3.58 m、塔身直径 0.97 m で、宝珠・上請花・九輪・下請花の相輪は一石造りである。笠は宝形、塔身は円形、内部は刳り抜かれて中空、内面は全面金箔押しが見られ、かつて石製台座にのった仏像が安置されていたと考えられる。反花座と基台（八角形）は安山岩の一石造りである。

図 22 澄心院墓出土檜扇

埋葬施設は、宝塔の下に位置する。壙はほぼ正方形（6.3 m× 6.2 m）深さは 3.2 m である。壙中には 7 段積み（高さ 2.64 m）の正方形（一辺 3.29 m）の石室があり、同じく正方形（一辺 2.9 m、高さ 2.6 m）の石槨を納めている。石槨の蓋は、長方形（各 42〜47.5 cm× 29 cm、厚さ 23〜24 cm）の石材 7 点が使用され、下面に 12 行 129 字の墓誌が陰刻されている。嘉永「三年庚戌六月二十四日薨」「八月勅贈従二位」の旨が刻され、「秋九月」に撰文されている。

石槨内には、二重の木槨に保護された木棺が存在していた。外側の木槨は（内測値一辺 118 cm、高さ 122 cm）槨台を伴い、内側の木槨内には銅板（厚さ 2 mm）、銅鋲留めの受皿（銅皿：一辺 85 cm、高さ 30 cm）と被せ蓋をもつ木棺（推定、外径一辺 81 cm、内径 74 cm、高さはそれぞれ 96 cm以下、71〜81 cm）が納められていた。

石室と石槨の間隔には三和土と石灰が、石槨と木槨の空間には石灰が充填され、木棺内には朱が封入されていた。

木棺に納められていた副葬品は、多種多様であった。大袖・袴・小袿などの衣服類、柄鏡・檜扇・印籠・文具（鋏・硯・筆・文鎮）、簪・眉作篦、さらに玩具類（十六武蔵・独楽・ホッペン・人形・ミニチュア磁器皿）、供養具（数珠など）などが漆器類とともに認められた。また、多量の水銀朱（39,600 g以上）と抹香の封入が注目された。

改葬墓と未改葬墓　寛永寺に形成された徳川宗家御裏方墓所の中核をなしている徳川将軍 4・9・10・12・13 代の各正室と 4 代生母、12 代子女の墓所は、江戸時代に築造された未改葬墓で、明治時代以降に築造された13・14代生母、16・17代の子女の未改葬墓ともども、改葬、再改葬されることになり、それぞれの調査が実施された。これらの未改葬墓のなかで、とくに注視されたのは江戸時代に築造された墓所であった。

他方、徳川将軍5・6・10代の各側室と6・8・10・12代生母、3・6・11・16代の子女、及び徳川綱重の生母と側室、清水重好（清水家の家祖）生母の墓は改葬移築されたものであったが、その状態を解体して調査し記録化し再改葬することになったのである。

江戸時代築造の未改葬墓の調査は、徳川宗家御裏方墓所の実態を明瞭にすることができた。すでに改葬に伴って調査が試みられた増上寺御裏方墓所の調査結果とともに、徳川将軍家の御裏方墓所の実態が明らかにされたのである。

ちなみに増上寺において調査され記録化されて報告されたのは、徳川将軍2・6・11・13・14代の各正室と5・7代の側室の未改葬墓所、そして11・12代の側室の改葬墓であった。

寛永寺御裏方墓所の改葬調査の成果は、未改葬墓を考古学的方法によって調査したことであり、それによって、墓所造営の実態を地上の墓標と基壇の形状、地下の埋葬施設の構築の実際にいたるまで総体として鮮明に把握することができたのである。さらに、葬儀・造墓などに関する史料が『徳川實記』をはじめかなり残されていることも調査を進めるにあたって有効であった。また、調査の結果、検出された諸資料を文献史学・仏教学・美術史および自然科学の分野の分担によって、総合的に研究がなされたことは、当然のこととは申せ誠に幸いであったといえる。

墓標について　徳川将軍墓の墓標は、「法華経」（見宝塔品第11）に依拠した宝塔型であるが、正室の墓標も宝塔型である。

将軍墓にあっては、初代家康から14代家茂まですべて宝塔型墓標であり、初代家康・木造→石造→銅造、2代秀忠・木造、3代家光・石造→銅造、4代家綱・石造→銅造、5代綱吉と6代家宣・銅造、7代家継〜14代家茂・石造と一部材質が異なっているが、これは後代の将軍の差配の結果である。総じて、7代以降は石造であり、それは8代吉宗の提言による。

正室墓の墓標は石造の宝塔型であるが、塔身部の平面形が将軍墓の円形に対して八角形および円形を呈しているのが特徴である。

なお、宝塔は、基礎の上に軸部と首部をつけた釣鐘形の塔身をおき、方形四注の笠をのせ、頂に宝珠・竜舎・水煙・九輪・請花・覆鉢・露盤よりなる相輪を配するが、塔身軸部の一面に扉型と称する木造建築の軸部出入口を簡略に表現したものを刻む例がある。扉型の部分を彫って中空とし、中に多宝・釈迦二仏の像容、また「ア・バク」を刻むものが稀にある。これは「法華経」依拠の台密（天台）系の教儀による造塔であるが、他方、塔を大日如来の三昧耶形とし、塔身に金剛界四仏種子、胎蔵界四仏種子を陰刻した東密（真言）系の石造塔の存在も知られている。

寛永寺造営の将軍墓は、4代家綱、5代綱吉は銅造宝塔、8代吉宗・10代家治・11代家斉・13代家定は石造宝塔であり、形態は、相輪・笠・肩・塔身・基礎を有する典型的な宝塔型である。宝塔基礎は、基壇上に建つが、基壇の形状と段数は、4代家綱—八角形8段（上4段銅、下4段石）、5代綱吉—八角形8段（上4段銅、下4

段石)、8代吉宗—八角形3段、10代家治—八角形3段、11代家斉—八角形3段、13代家定—八角形3段である。基壇は八角形、段数は銅造宝塔8段、石造宝塔3段である。なお、初代家康・3代家光は八角形9段基壇である。

このように将軍墓の基壇構成は、八角形の9・8・3段であるのに対し、正室墓は正方形の2段である。

将軍墓の宝塔墓標が、肩部表現に意匠を凝らしているのに対し、正室墓は省略されるなど全体の造形構成に簡素化が認められるが、他方、塔身の八角形構成は、将軍墓の塔身円形に稜をつけたもので特徴をもっている。すなわち、基壇の平面形が将軍墓八角に対し、正室墓は正方形であり、顕著な相異が看取される。

正室墓の八角形および円形宝塔と方形基壇のあり方については、従来から表面観察によって認識されていたが具体的に説かれることになった。

八注造りの笠をもつ八角形宝塔は、御台所の高巌院殿・心観院殿・浄観院殿と4代家綱生母・3代家光側室の宝樹院殿、宝形造り笠の円形宝塔は、御簾中の證明院殿・澄心院殿と12代家慶六女の貞明院殿の墓標として用いられている。さらに、墓壇の築造実態が明確に把握され、地上施設の宝塔と基壇とその構築の状態が明らかにされた。また、基壇下部における地下施設の構築状態も明らかにされたことも重要な成果であった。

埋葬施設については、すでに増上寺の将軍正室墓などの調査によって知られていたが、解体調査と関係史料の博捜の結果は、将来の認識を凌駕することになった。

埋葬主体部の構築にあたり、仮設竈施設・覆屋の建設、壙の掘削、基壇と石室の構築、石槨の設置を経て、木槨・木棺の安置にいたるプロセスが実証的に把握され、加えて関連史料との対照検討により作業の過程をも明らかにすることができたのである。

以下、若干の課題について触れておきたい。一つは正室（御台所）墓の宝塔の塔身平面が円に稜をつけた八角形の形状を有することの解釈である。正方形2段基壇上に建てられた宝塔形墓標は、八角形3・8段基壇上（銅造の場合、上4段銅、下4段石）の石造宝塔型墓標の大規模な将軍墓ときわめて対照的である。将軍墓の八角基壇と正室（御台所）墓の八角塔身の宝塔型墓標は、八角形意識の意図が象徴的に具現されていると見るべきであろう。

日光東照宮の初代家康・3代家光の銅造宝塔型墓標は、5代綱吉が天和3（1683）年に造立したものであるが、ともに八角形基壇9段上（上4段銅、下5段石）に造立されている。また、2代秀忠の木造宝塔墓標は、3代家光が寛永9（1632）年に石造3段の八角形基壇上に造立したものである。

わが国における八角形墓は7世紀後半に天皇陵の墳形として出現しているが、徳川将軍墓と正室（御台所）墓に見られる八角形は、中心の内院に宝塔を置き八葉蓮華を配する「法華曼荼羅図」に依拠した可能性があろう（浦井 1983ほか）。

三重の院壇を表現する兵庫・太山寺蔵「法華曼荼羅図」（鎌倉時代末）をみると、内院に八葉蓮華の蓮胎上に釈迦・多宝二仏並座の宝塔を配し、第2院壇に十六菩薩、第3院壇に諸天・竜王・明王を画いている。内院八葉は胎蔵界の中台八葉蓮華、第2・3院壇は金剛界に相応すると考えられている。正室（御台所）墓の八角形宝塔は「法華曼荼羅図」を規苑として造形されたものと推測されよう。

正室墓の塔身を中空にし、内に仏像を安置していたことが、改めて確認された。宝塔中の安置仏についてはすでに浦井氏によって整理されている通り、将軍墓ともども「釈迦如来」「阿弥陀如来」が多い。調査された正室墓の塔身中空部の内面は全面に金箔が塗布され、後世、仏像の搬出後にすべてレンガなどによって充填されていたが、高巌院殿・心観院殿・浄観院殿には石製台座が遺存し、また、後世納入の野位牌が證明院殿・心観院殿および貞明院殿の墓所より検出された。現在、寛永寺に伝存する宝樹院殿墓の阿弥陀如来像は、いまは失われた各墓の塔身中空内に金銅仏が安置されていたことを示している。

正室（御台所・御簾中ともに）墓の宝塔型は、近世における石造宝塔として孤高の存在であり、形態・規模において相応しいものである。その使用原石の産出地が神奈川県真鶴市周辺の安山岩であることが明らかにされた。塔型は、石材産出地において加工整形され、海路で江戸に運搬されたことが知られたことも重要である。また、石室、参道をはじめ、奉献灯籠なども伊豆半島の安山岩製であり、使用石材の産出地と加工地の一致は、依頼者、運搬方法など多くの課題を提供している。

基壇の調査が計画的に実施されたことも看過し得ないであろう。築造の実際とともに第１基壇に伴う八角覆屋施設の痕跡が判明し、墓標造立以前に撤去されたことか知られた。墓所造営の調査にあたり、今後とも調査検討の対象とされるであろう。

石槨の蓋石内面に墓誌が陰刻されていることは増上寺における将軍墓・正室墓などの調査によって確認されていた。寛永寺の調査では心観院殿（8行95字)、浄観院殿（15行189字)、澄心院殿（12行129字）の3墓所から石槨蓋内面の墓誌が確認された。また、火葬された高巌院殿の石櫃蓋内面には5行47字の墓誌銘が陰刻されていた。なお、貞明院殿の墓誌は11行115字で石槨蓋石内面であった。

墓誌には、院号・諱・出自・経歴・追贈位階・薨去年月日が陰刻されている。それは墓誌の撰文・刻文・埋葬の時を示し、『徳川實記』との校訂、墓所造営の次第を考える史料でもある。追贈は、高巌院殿は「従一位」、心観院殿・浄観院殿・澄心院殿は「従二位」である。なお、證明院殿墓の石槨蓋石には墓誌が認められないが、後世、宝塔の塔身中空部に詰められたレンガなどとともに「贈従二位」記載の白木位牌が見出されている。将軍正室に「従二位」の追贈がなされたことは、増上寺の天親院殿（13代家定）と同様に明らかに知ることができた。

埋葬施設の石室・石槨・木槨・木棺の内外に石灰・朱が認められ、また、抹香・樒葉が出土したことも注意される。火葬の高巌院殿墓において朱の小塊と若干の樒葉が検出されたことは意外であった。葬送に際して用いられた事例として注目される。證明院殿墓と心観院殿墓は、ともに石室・石槨周囲から石灰、棺中より抹香が検出された。それに対して浄観院殿墓と澄心院殿墓からは、多量の石灰と朱、そして抹香が出土した。朱は水銀朱で86.4 kgと40 kg遺存していた。朱の検出は、増上寺将軍墓において確認されていたが、正室墓においても用いられたことが知られた。抹香が木棺中に収められることは共通しており、その残滓の検出は証跡となる。浄観院殿墓から念仏墨書の樒葉が400枚以上検出された。近世墓から樒葉が出土する事例は知られてきたが、かかる例は初出例であり、かくも多数の名号が見られたことは稀有の例である。

報告書は『東叡山寛永寺徳川将軍家御裏方霊廟』(2012)が刊行された。

3．深溝《ふこうず》松平忠雄墓所の調査

近世譜代大名として知られる三河深溝松平家の第7代松平忠雄(1683～1736)墓所の修築に伴う調査が2009年3月～5月に実施され、多種多様の副葬品が出土して注目された。

上部には石殿型の墓標、下部には正方形石室(蓋石に墓誌銘)の中に六角形木棺が納められ、木棺の内外から小判(43枚)、一分金(117枚)、太刀、脇差、柄鎧、石帯、香道具、喫煙具、酒具、印籠(6)、ガラスタンブラー(1599と男女の絵)などが検出された。

深溝松平家は、徳川家康の動向を記録した第4代家忠(『家忠日記』)をはじめ、徳川家と密接な関係を有した家柄であるが、第5代忠利(1582～1632)により、深溝の本光寺に墓所を営み、第6代忠房(1619～1706)以来、初・4・5・10代は西の、6～9代、11～19代は東の廟所に墓所が設けられた。

この東廟所の忠雄墓が2008年8月の集中豪雨によって倒壊の危険が迫り、対応調査となった。

島原藩主に相応しい副葬品の数々については、保存拠理がなされ

図23　島原藩主深溝松平家墓所（愛知県幸田町）

図24　松平忠雄墓の副葬品の出土状況

図 25　松平忠雄墓出土の蒔絵印籠（緒締玉、根付）

図 26　松平忠雄墓出土のドイツ製レーマー杯（「1599」の文字あり）

ているが、稀に見る副葬品の数々は、近世大名家を考えるうえで注目すべき事例となった。

4．豪徳寺井伊直弼墓所の調査

近江彦根藩・井伊家は、初代井伊直政以来、14代直憲にいたるまで、江戸時代を通して所替えなく260余年にわたって幕政に深く参与してきた譜代大名の重鎮である。

井伊家藩主の歴代墓所は、江戸の豪徳寺（東京都世田谷区）と国元の清凉寺（滋賀県彦根市）・永源寺（滋賀県東近江市）に営まれた。幕政在任中に江戸で逝去した藩主（6名）は豪徳寺に、隠居後に国元において逝去した藩主（7名）は清凉寺と永源寺（1名）に埋葬された。他方、裏方墓所（正室・側室など）も藩主と同様に江戸と国元に営まれたが、正室及び側室のは豪徳寺に少数は清凉寺に埋葬され、子息・子女も江戸と国元にそれぞれ葬られている。

近世大名家の墓所は、国元と江戸に二分して営まれ、幕藩体制のあり方が具現されているが、なかでも井伊家の墓所は、その代表的な存在として周知されてきた。

すでに、江戸の豪徳寺「井伊直弼墓」は、1922（大正11）年9月25日付「史蹟」標識（東京府史的紀念物天然紀念物勝地保存心得)、1952（昭和27）4月1日付「東京都史跡」（東京都文化財保護条例)、1955（昭和30）年3月28日付「都旧跡」（条例改正)、1972（昭和47）年4月19日付「都史跡」（種別変更）として指定された。

昭和57年度に文化庁は、近世大名家墓所の現状調査を全国的に実施し、「井伊家墓所」を国の指定史跡候補として選定した。よっ

図 27　彦根藩主井伊家墓所（東京都世田谷区豪徳寺）
上：墓所全景　中：墓所主要部　下：改修後の直弼墓周辺

て東京都世田谷区は［豪徳寺「彦根藩主井伊家墓所」］、滋賀県彦根市は［清凉寺「彦根藩主井伊家墓所」］、滋賀県東近江市は［永源寺「彦根藩主墓所」］の調査を実施し、その結果に基づいて、文化庁は「彦根藩井伊家墓所」を一括（豪徳寺・清凉寺・永源寺）として2008年3月28日付「国史跡」に指定した。

豪徳寺の都史跡「井伊直弼墓」は、国史跡「彦根藩主井伊家墓所」中に収められたのである。

2009年に豪徳寺の粕川鐵禪住職は、井伊直弼墓の墓石が至近に存在する樹木根の成育によって変形してきている状況を喝破し、世田谷区教育委員会と協議するところとなった。区の文化財担当者は直ちに現状を視察し、宗観院殿（第13代直弼）墓、貞鏡院殿（直弼正室）墓、親光院殿（第11代直中正室）墓が樹木根により変形していることを確認した。よって3墓の保全を目的とした調査が実施されることになり、2009年11月から2010年3月にかけて改修調査が実施された。

その結果、貞鏡院殿墓は、上部構造の基壇と墓標は解体調査の後に積み直しを行い、下部構造は状態良好のため保全することとした。また、親光院殿墓は、上部構造の基壇と墓標を解体し調査の後に積み直し改修を実施した。下部構造は、扁平長方形状の蓋石5枚を被せた石室が構築されていたが、3枚は折損して木炭充填の石室中に崩落している状態を確認するのに留めることになった。

宗観院殿墓は、樹木根の成育のため、上部構造の基壇が大きく変形していた。基壇石を解体したところ、構築石材は、近世大名墓に見られる規矩的用材と異なり転用材が多くを占めていた。下部構造は、石室・石槨の構築が認められなかった。基壇は、壙の直壁面に埋め込まれた8本の方形石材（いわゆる蝋燭石）によって支えられていた。壙中には主体部の痕跡が確認されなかったため地中レーダ探査を試みたが顕著な所見を得ることができなかった。上部構造の基壇を積み直し、下部構造の壙は土砂を充填して保全を期した。

この調査で、とくに注目されたのは、井伊家第13代井伊直弼墓所の調査所見であった。

墓所は長方形（6.04 m×3.96 m）、墓塔は笠付の位牌形（総高342 cm）、墓壇下部の基礎石は、四隅と各辺中央に配された8本の蝋燭石（長さ85 cm前後の直方体切石）によって支えられている。方形の土壙は、144 cm下部までの発掘所見では、室・槨・棺の存在を認めることができなかった。通常の大名家墓所に見られる下部施設（室・槨・棺）の知見が認められず、したがって墓誌も検出されなかった。

江戸幕府の大老職にあった井伊直弼は、1860（万延元）年3月3日、桜田事変によって非業の死を遂げ、4月10日に菩提寺豪徳寺に葬られたとされている。しかし、発掘の結果では、墓塔の下部に埋葬された確実な痕跡が見出されなかった。墓塔は、伊豆石（安山岩）の良質なもので、正面に「宗観院殿正四位上前羽林中郎将柳暁覚翁大居士墓所」、側面に「萬延元年庚申年」と刻まれている。案ずるに1周忌（または3回忌）に造立されたものであろう。

直弼墓所の発掘調査の結果、墓塔下の遺体の埋葬施設としての石室築造が認められず、さらに、土壙中に棺の痕跡が見られなかったことが注目される。直弼の遺体の埋葬は、（1）1860年4月10日に仮埋葬され、後に、別の地に移葬されたか、(2) 当初から別の地に埋葬されたか、のいずれかであろう。(1)(2) いずれであったとしても、1862（文久2）年3月3日に天寧寺（彦根市里根、井伊直中—直弼の父—の建立）に建てられた「大老供養塔」に葬られたことが察せられる。因みに、桜田門外において直弼が流した血が滲みこんだ土が、4斗樽4杯につめられて彦根に送られ、天寧寺に

図28　井伊直弼の墓塔

埋められた、と言われている。

直弼墓所の問題は、幕末における井伊家の存亡と密接に関係しているのではあるまいか。

近世大名家の墓所の多くは史跡未指定であり、修復工事が進んで

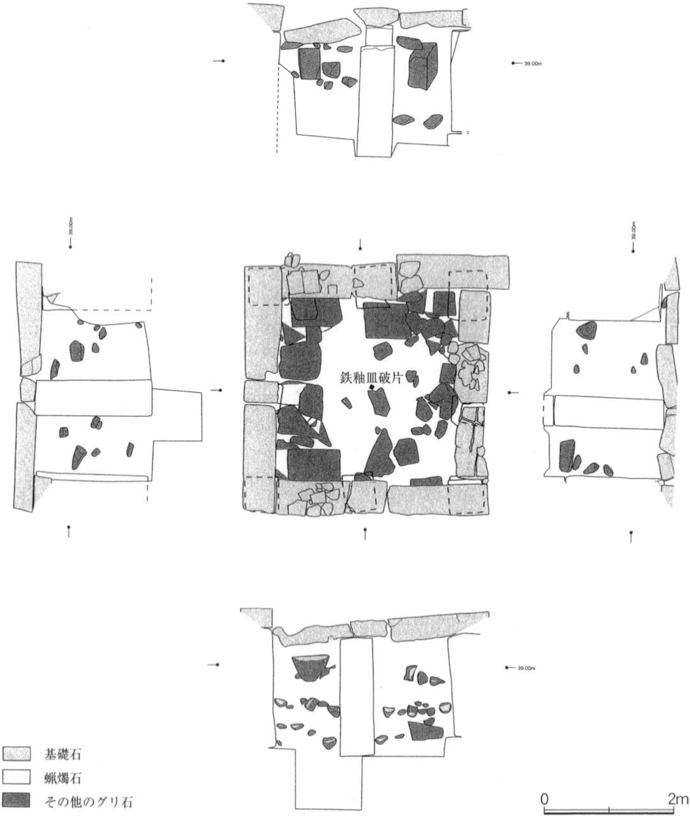

図29　井伊直弼墓の地下構造

いない。未指定のため行政の管理と補助金の対象外におかれている大名家墓所を含む近世の墓所は、各地域の歴史を具体的に示す重要な資料であり、保存対応が急務となっている。

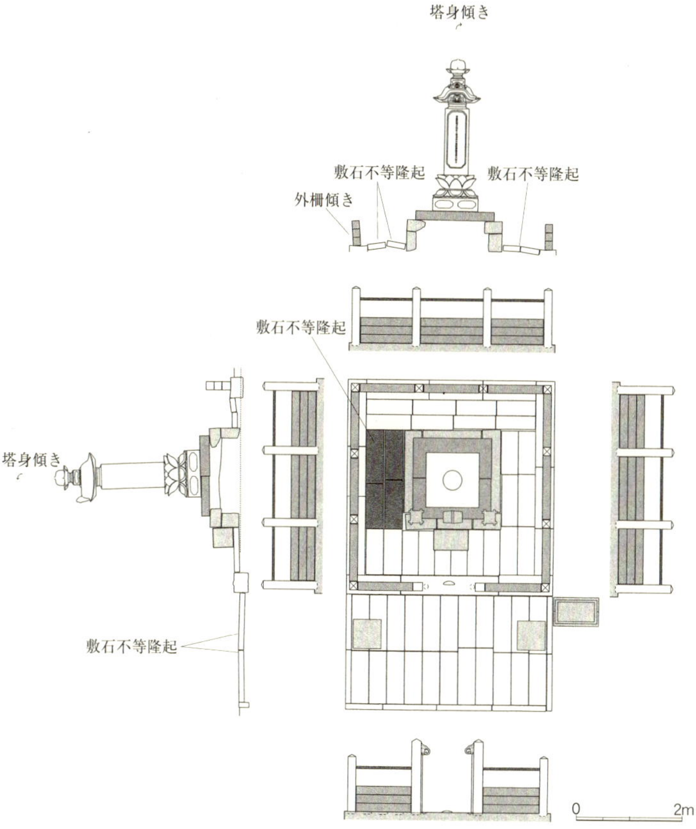

図30　井伊直弼墓の復原

5．江戸城外堀の発掘

日本の考古学は周知のように、太平洋戦争の終結後、歴史研究の表舞台に登場し、考古学の本質に即した展開を果たしてきた。なかでも研究の対象時代は「ヒトの発生から昨日まで」とする定義にしたかって理解されてきたが、学界の風潮はそれとは裏腹にせいぜい古代を下限とする傾向が支配的であった。

しかし1970年代の前半から次第に近世の遺跡調査が実践され、同時に近世考古学の提唱となった。そのきっかけは、江戸（東京）の遺跡が再開発によって発掘され豊富な資料の出土が学界そして世間の耳目を集めたからであった。一方、中世の城館・都市などを対象とする中世考古学も全国的に進展し、さらに、近現代の考古学の重要性も提起されるにいたっている。日本の考古学は、旧石器時代から近現代までを研究の対象としていると言えよう。

その近世考古学の確立に大きな影響をあたえた江戸の考古学が大きな曲がり角に直面している。それは再開発に伴う遺跡（埋蔵文化財）の発掘調査が、文化庁の指示によって自治体の重要度判断による選択制となり、加えて社会的情勢の変化によって発掘調査の減少となって表れ、発掘の機会が次第に制約されていることによる。

江戸には、江戸城を中心に諸国の大名家によって上屋敷・中屋敷・下屋敷が設置され、消費人口が集中して、近世大都市が形成されるにいたった。それらの大名屋敷跡に対する発掘調査の結果は、それぞれの国元との関係において注目すべき資料が山積みするにいたっている。そこには、文献史料、絵画資料の活用とあいまって、豊かな江戸大名家の姿がリアルに示されてきた。

江戸の大名屋敷跡の発掘結果が、豊かな歴史情報を端的に示すことになったが、寺社地、町人地の発掘結果も同様であり、近世の考古学が、近世史の研究にとってきわめて重要であることを明示している。

2007年は、太田道灌による江戸築城（長禄元年）550年目であった。

関東大震災（1923年）後、復興計画に旧江戸城外堀埋め立てがあがった時、民間の歴史研究団体の「武蔵野会」は1936年、旧江戸城の外堀を埋め立てる計画に反対の声を上げた。会を率いていた人類学者・考古学者の鳥居龍蔵は、一門、一堀を失うことは、歴史的都市である東京の荘厳を損なうと提言した。

その後、外堀は1953年に東京都指定史跡となり、開都500年を迎えた1956年3月には「江戸城外堀跡」として国指定史跡となった。

外堀は、徳川3代将軍家光の時代、1636（寛永13）年に大名118家を動員し、切石19万個以上で石垣が築造された。世に「天下普請」と称されている工事である。一方で、修築に伴う石切丁場（採石場）の実態については意外に明らかでなかった。

6．江戸と伊豆石

中世以来、江戸の石は「青石」であった。至近地に良質な石材が求められなかった江戸の地（武蔵の南半地域）にとって、信仰心の具象的表現としての石造塔婆の製作、建築資材としての石材の確保など「石」の調達は常に腐心が重ねられてきた。「石」を求める執心は、時と目的に応じてそれぞれの識者の眼力と経験によって方策が定められてきた。

中世以来、多く用いられてきた結晶片岩（緑泥片岩）は北に隣接する地域から、近世に入って安山岩（伊豆石・小松石）は遠隔の西湘・伊豆の地域からもたらされた「青い石」であった。

中世、緑泥片岩によって製作された板碑（板石塔婆）は、武蔵と上野において大量に製作・造立され、往時の信仰の実相を具現するとともに石材産地における石切りの技術、製作に関する造型的技法、運搬の方法など、中世東国の宗教を軸にした諸方面の研究にとって必須の課題として研究が展開しているが、かかる緑泥片岩の活用は、近世にいたっても限られた地域において塔婆類の石材として伝統的に利用され、建築用材の一つとしても用いられてきた。

近世に入り、1590（天正 18）年の徳川家康の江戸入城以来、1592（文禄元）年の江戸城修築、江戸開府の 1603（慶長 8 ）年頃から着手された江戸城と城下の大改造工事、1618（元和 4 ）年以来の秀忠・家光による諸普請の実施は、1629（寛永 6 ）年～ 1636（寛永 13）年の総普請として一応の完成をみた。このような一連の普請は、とくに「寛永 13 年の外堀り工事」によって最高潮に達した。石垣工事の西国大名 60 家、堀の掘削工事の東国大名 45 家による総構えの完成は、まさに江戸城の内・外郭の完成となった。

江戸城の石垣そして建築用材としての「石」の多くは西相模～伊豆の石丁場から運ばれた安山岩であった。

「江戸城の石は伊豆の石」であった。ただし、江戸城初期の使用石材は、西国大名が中国地方から遠路運んだ花崗岩であったことが知られつつある。伊豆の石は、中世から利用されてきたが、近世に入り江戸城の城郭普請用として諸大名ごとに統制され、江戸に船を用いて運搬された。

徳川宗家の祈願寺として創建され、後に菩提寺となった寛永寺は、1625（寛永2）年に本坊が竣工し、1627（寛永4）年～1631（寛永8）年における造営工事により伽藍が整備され、1698（元禄11）年の根本中堂の建立によって整えられた。一方、徳川将軍、4代家綱、5代綱吉、8代吉宗、10代家治、11代家斉、14代家定の霊廟墓所、累代裏方墓所などが営まれた。

寛永期（1624～1643）の寛永寺の主要堂塔は32～35、子院は36坊であったが、それ以降も回禄後の建築もあり、多くの堂宇、塔頭寺院がつぎつぎと建立されていった。1625（寛永2）年―本坊、1627（寛永4）年―荷負堂（法華堂と常行堂）・仁王門・黒門・東照社・経蔵・多宝塔・三十番神社、1631（寛永8）年―儀式用鐘楼・清水堂・五重塔・大仏・祇園堂・釈迦堂、1688（元禄元）年以前―慈恵大師堂・山王社・薬師堂・開山堂・穴稲荷社・時鐘施設、1697～1698（元禄10～11）年―根本中堂・文殊楼・水舎2棟・廻廊門・山王社表門、1688（元禄元）年以降―放光堂・宝蔵・勅額蔵・法具蔵であった（寛永寺前執事長浦井正明師の調査）。現存する1631（寛永8）年建立の清水堂、1639（寛永16）年再建（創建は寛永8年）の五重塔、1651（慶安4）年建立の東照宮に壮大な往時を偲ぶことができる。

これら多数の堂塔の建築用材――礎石には伊豆の石が用いられた。東照宮の石灯籠には、すべて「慶安四年」と刻まれ、現寛永寺本堂

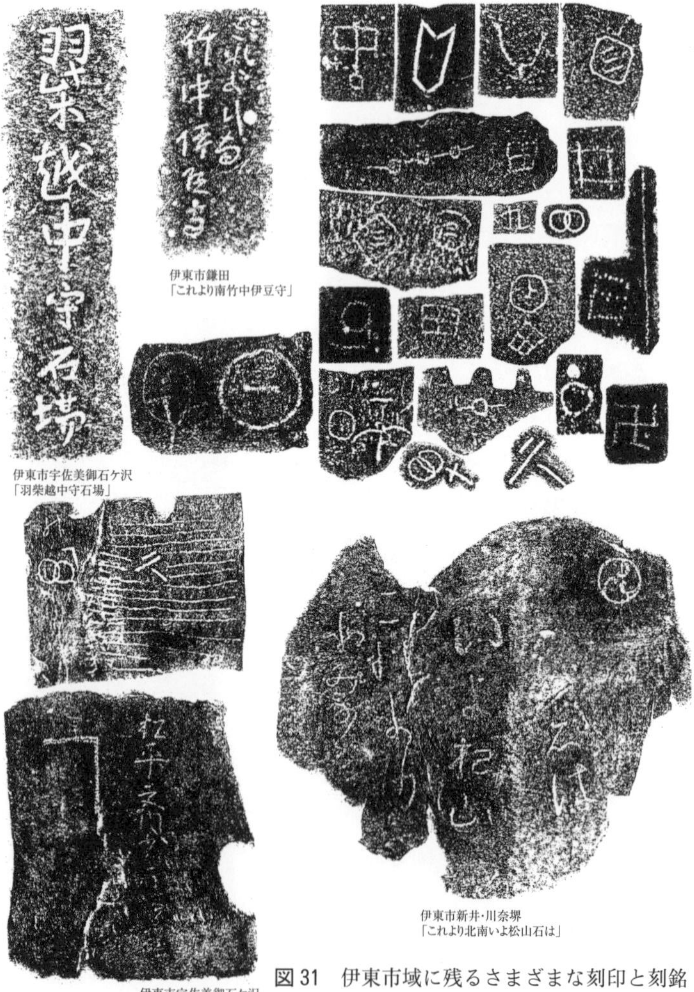

伊東市鎌田
「これより南竹中伊豆守」

伊東市宇佐美御石ケ沢
「羽柴越中守石場」

伊東市新井・川奈堺
「これより北南いよ松山石は」

伊東市宇佐美御石ケ沢
「松平宮内少」

図 31　伊東市域に残るさまざまな刻印と刻銘の拓影（縮尺不同）（拓本提供　伊東市教育委員会）

図32　伊豆半島東海岸域に残る江戸城石垣用石材に刻まれた刻印分布図
（金子 2009）

前の2個の水盤には「元禄十一年」とあり水舎2棟に置かれていたものであった。これらはいまに見ることができる「伊豆の石」である。山内の灯籠は、綱吉以降すべて伊豆石製で、形態・意匠・大きさなどに共通性が認められ、石材産地に計画的に注文されたことが察せられる。また、近年、発掘された寛永寺南口の三橋（御橋・御成橋）にも伊豆の石が用いられていた。

徳川将軍の宝塔は、6代家宣（増上寺に霊廟）以前は銅造であったが、吉宗の意により7代家継（増上寺に霊廟）以降、石造となった。8代吉宗（寛永寺）、9代家重（増上寺）、10代家治（寛永寺）、11代家斉（同）、12代家慶（増上寺）、13代家定（寛永寺）、14代家茂（増上寺）の宝塔は伊豆の石が用いられている。また、徳川宗家の将軍墓所及び裏方墓所の上部と下部の構造にも多く伊豆の石が使用された。

伊豆石の使用は将軍家以外の墓塔、建築用材として用いられている。例えば、江戸御府内の感応寺（1699［元禄12］年より天台宗）の宝篋印塔・五輪塔・宝塔・船形光背塔及び五重塔（寛永12年創建、寛政3年再建）の礎石は伊豆石である。また、付近の瑞輪寺（台東区谷中）の墓地にも多くの伊豆石墓塔があり、浅草（台東区）の淡島社の石橋は1618（元和4）年に、浄光寺（荒川区）の六地蔵は1626（寛永3）年に造られた伊豆石使用の例である。西光寺（台東区）の立像（観音・韋駄天・閻魔・地蔵など）群は、紀年銘は見られないが、すべて18世紀前半頃に造られたと推定される伊豆石製である。御府内の外―西南方の池上本門寺（太田区）の近世墓塔群、品川神社（品川区）の鳥居（慶安元年：1648）なども伊豆

図33　伊豆石丁場跡（静岡県伊東市）
御石ケ沢の山中に残る直方体に整形された角石の未製品

図34　伊豆の海岸線に点在する石垣用石材（静岡県伊東市）
江戸城向けの石材であったことを示す方形の「矢穴」が残る

図 35　石曳道路面（神奈川県小田原市）

図 36　伊豆石現状保存地区全景
（神奈川県小田原市）

図 37　伊豆石整形作業跡（神奈川県小田原市）

石で造られている。

このように、江戸御府内とその周辺の寺社の建築用材、寺院に建立された墓塔のほか、元禄期（1688 ～ 1704）には大型の石仏墓標が、18 世紀の中頃から 19 世紀の前半にかけて小型の石仏墓標が多数製作されている。

16 世紀末～17 世紀前半にかけての江戸は、江戸城の建設普請を契機として大量の伊豆石が海路で運ばれ、以降、大名屋敷、大寺院などの建築用材のほか、将軍霊廟の奉献灯籠、多くの墓塔の造立、石橋の建設材としても用いられた。

「江戸」は、伊豆石によって形成された、とも言えるのである。

7．松江城家老屋敷の発掘

松江城下町遺跡（島根県松江市）で家老屋敷跡が発掘され話題になっている。松江城は、松江藩開府の祖、堀尾吉晴が 1607（慶長 12）年に築城に着手、同時に周辺の沼沢地を埋め立てて屋敷地を造成し、5 年の歳月を経て完成した。以降、堀尾氏 3 代（約 30 年間）、京極忠高 1 代（4 年）の後、松平直政が入城して 10 代（約 230 年）にわたって松江藩の主となった。平山城である松江城とその城下町は、一体として計画され造成され、近世都市であり、現在も往時の面影を残している。

発掘された地（歴史資料館建設地）は、絵図史料によると堀尾時代の家老・堀尾采女、堀尾右近、揖斐伊豆の屋敷地であり、17 世紀前半の堀尾時代から 18 世紀を経て 19 世紀中頃にかけての遺構と遺物が多数発掘され、家老屋敷の遺構などが検出された。大規模な礎石立ちの建物群、池状遺構、屋敷境の石列溝などが検出され、その上層には18世紀の諸遺構が重複していた。

発掘地では、埋め立ての状態も見事に検出され、城下町の造成過程を知ることができたのである。京極時代そして松平時代にも同地に居を構えていた諸家老の名も知られ、とくに19世紀中頃（松平時代）の木箱祈禱具の出土など、きわめて重要な成果が挙げられた。

松江城下町遺跡と称されている発掘地は、松江藩3代の家老屋敷跡が同一地に重複して良好に残されていることが判明した。松江城下町は、松江城の築造（1611年完成）と同時に計画され、低湿地を埋め立てて造成された。したがって、侍町、町人町、寺町が整然と配置され、その姿は現在も市内に見ることができる。

現在、田辺城下町遺跡（和歌山県田辺市）をはじめ各地で近世城下町の遺跡に対する考古学的調査が進んでいる。従来、文献史学、歴史地理学の分野において進展してきた近世都市の研究が、考古学の参画によりモノ（遺構と遺物）を通して具体的に説かれる日も遠くないであろう。

8．戦国武将の城と町—大友氏館跡—

戦国武将や大名の暮らしぶりも、考古学的な調査から思いがけない姿が明らかにされてきた。

豊後の戦国大名・大友氏の遺跡調査が大分市教育委員会によって進められている。大友氏は、鎌倉時代から戦国時代にかけて400年間にわたって守護をつとめ、義鑑（20代）、義鎮（＝宗麟、21代）、義統（22代）の時代に大きく発展した。その16世紀の大友氏館跡が大分市顕徳町から発掘され、2001年に国の史跡に指定された。

館跡中心部分の発掘により、16世紀前半の大型建物跡（東西約15 m、南北29 mの礎石建築）が、館の南東部分からは、16世紀後半かと考えられる東西約66 mの池と巨石が配された庭園跡が検出された。大型建物の東・南・北側からは廃棄された大量の「かわらけ」（土師器）が埋められた穴が発見され、建物の使われ方を推察させる資料となった。

9．キリシタン考古学

日本におけるキリシタン史は、布教公認時代（1549～1587）、布教黙認時代（1587～1614）、禁教迫害時代（1614～1640）、検索殲滅時代（1640～1658）、親族監視変容時代（1658～1858）と5期に区分する説（松田毅一氏）が一般に認められている。

フランシスコ・ザビエル（イエズス会）が鹿児島に到着した1549（天文18）年が公的にキリスト教が伝来した上限であり、以来、永禄12年（1569）の織田信長の布教許可、1575（天正3）年の京都南蛮寺改築実施の後、1587（天正15）年の豊臣秀吉の宣教師追放令、1605（慶長10）年の江戸キリスト教禁止令、1635（寛永12）年の宗門改め、1639（同16）年の禁令の強化を経て1873（明治6）年の禁令解除まで、日本のキリシタン史は、布教の後の禁令弾圧の歴史であった。

その間、キリシタンの人びとは、公然と教会を設置して布教を進めたが、禁令の後は、表面に出ることなく信仰の灯を絶やさなかった。その証跡は、伝世の史（資）料のほか、物質資料としても残さ

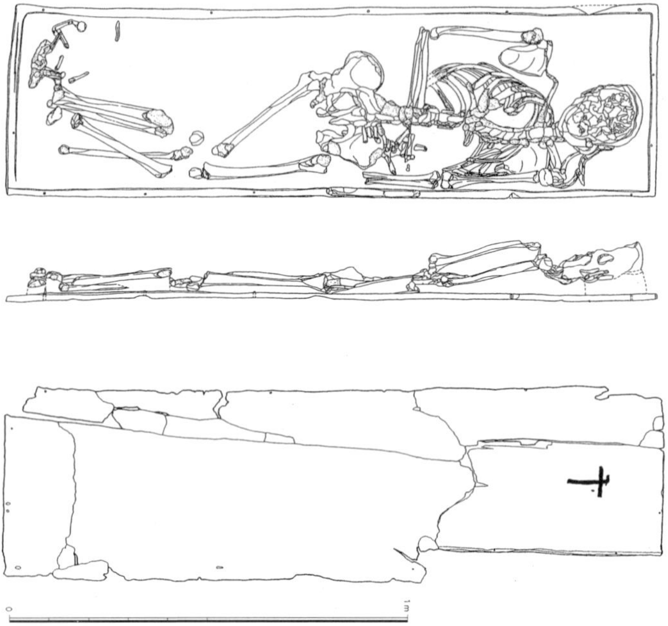

図 38　高槻城三の丸Ｓ１号の木棺（高槻市教育委員会 2001）

れている。キリシタン史の研究は 1920 年代から 1930 年代にかけて高潮したが、「切利支丹墓碑」の発見と調査もあいついだ。とくに京都大学の考古学関係者（濱田耕作・島田貞彦）による調査は、『切利支丹遺物の研究』（1926）としてまとめられた。日本のキリシタン考古学の息吹きである。

墓碑は、その特徴的形態により、畿内そして北九州地方において調査が進展し、1976 年には片岡弥吉によってキリシタン墓碑の型式分類が総括的に果された。

図 39　高槻城三の丸遺跡キリシタン墓地Ａ区北群（大阪府高槻市）

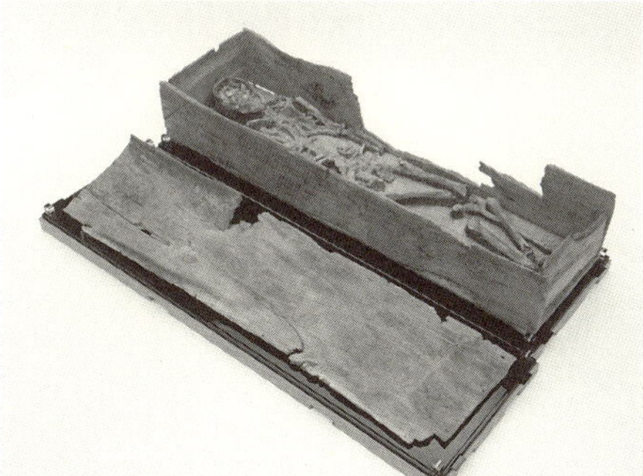

図 40　二支十字を記した木棺

図 41　復元されたロザリオ

図 42　東京駅八重洲北口遺跡 SI 352墓（東京都千代田区）

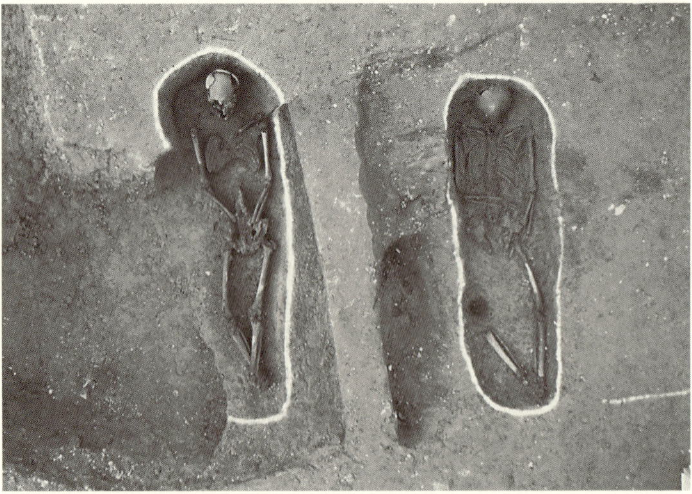

図 43　東京駅八重洲北口遺跡 SI 351、SI 349 墓

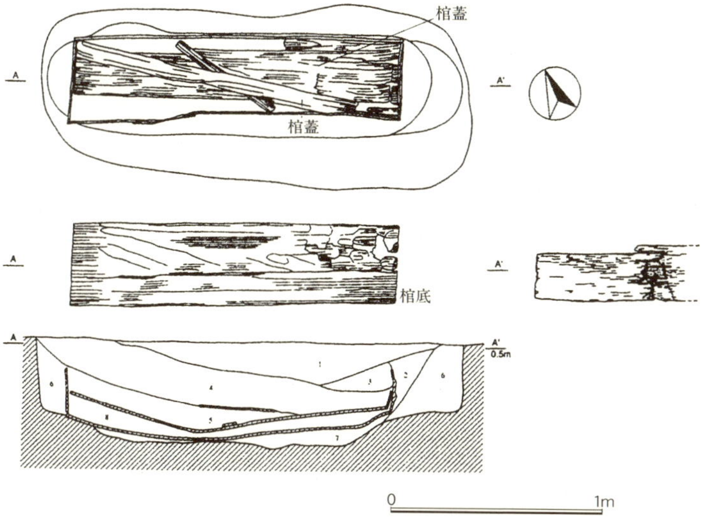

図44　東京駅八重洲北口遺跡 SI 1380 墓

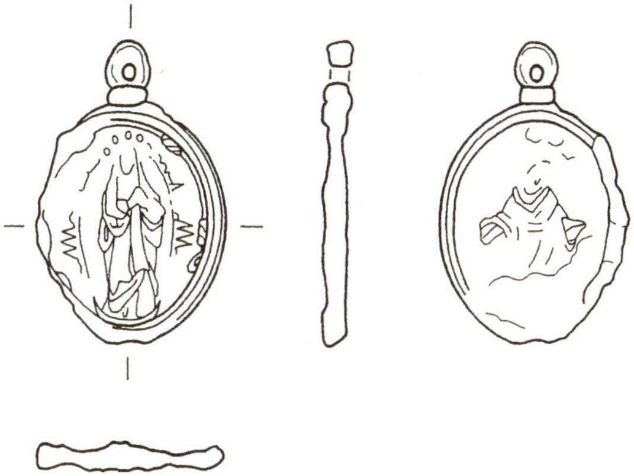

図45　東京都八重洲北口遺跡出土のメダイ
(『東京駅八重洲北口遺跡』2003)

その間、北九州におけるキリシタン考古学の研究者によって地域調査の成果が1950～1960年代に発表された。とくに長崎・葉山出土の「小干の浦」殉教（1624・7・14など）関係者の銅版（3枚）には、中世スペイン語の刻文が認められ「出島蘭館日誌」との対応が可能な墓誌として注目された。

キリシタン墓地の調査は、高槻城三の丸（大阪府）、東京駅八重洲北口（東京都）、豊後府内（大分県）などにおいて実施され、仰臥伸展葬位で木棺・土坑に葬られていた。葬位など成人・幼児ともに同様であり、木棺には、「二支十字」墨書銘が認められる例もある。キリシタン墓については、長崎県考古学会の大会テーマとしてとりあげられ、調査の近況と研究の段階が示されている。

キリシタン関係の遺物については、メダイ・十字架・ロザリオなどが各地域の遺跡で出土し、なかでもメダイの研究は深められている。なお、東京国立博物館には、旧長崎県保管（信徒没収品）の「絵画（銅板油彩など）・彫像（マリア観音など）・十字架・ロザリオ・同金具・銅牌・メダイなど」が収められ図録も刊行されている。

10. 城周辺の発掘あれこれ

2006年6月に鮫ケ尾城跡（新潟県妙高市）の三の丸付近で出土した炭化米の塊4点の分析を進めていた国立歴史民俗博物館は「炭化したおにぎり」と鑑定した。直径5～9 cm、重さ30～68 gのおにぎりは、上杉謙信の養子・景虎が景勝との家督争いに敗れた御館の乱（1578～1579年）に際して焼けた兵糧の一部と判断された。手で握り、また、葉で包んだ痕跡があり、戦国時代の兵糧の実物の出土であった。

「本能寺の変」（1582 年）で知られる旧本能寺（京都府京都市）の推定寺域内発掘が京都市埋蔵文化財研究所によって実施され、建物跡の一部が検出された。さきに発掘された同寺南隅の堀跡ともども旧本能寺の実際を物語る資料が出土し、考古学的手法による検証が進められているが、このたびの発掘によっても焼けた壁土、瓦などが検出された。

烏帽子形城跡（大阪府河内長野市）の堀跡からは「障子堀」の痕跡が確認された。障子堀とは、堀の底を土で作った壁で仕切り、敵の来襲を防いだもの。この城は、豊臣秀吉の根来寺攻め（1585 年）の前年に修築されたときに設けられた可能性があり、関東の戦国大名・北条氏関係の城跡に多く見られる堀の内側の障壁に近似しているという。関西では大阪城に次ぐ 2 例目の確認である。

16 世紀の末、豊臣秀吉は伏見状の築造に際して前田利家らに宇治川（京都府宇治市ほか）の護岸工事を命じた。後世この護岸は「太閤堤」と呼ばれてきたが、重なる洪水によって埋没し実態は明らかでなかった。近頃、地表下 1.5 m に南北に長さ約 75 m の護岸痕跡が発掘された。幅約 5.5 m、高さ約 2.2 m にわたって石が積まれ、約 30 度の斜面下には松の杭（径約 20 cm）が約 300 本確認された。右岸で明らかにされた「太閤堤」には石出と呼ばれる台形状（幅約 9 m、高さ約 8.5 m）の突出部が付設され、増水時の水流緩和装置の存在が知られた。

伏見状跡・桃陵遺跡（京都府伏見市）では他にも豊臣秀吉（1537〜1997）が築造した初代の伏見状（指月城）に関連すると考えられ

る堀、石垣跡が発掘されている。発掘地は想定指月城の西側で、長さ 11 m、幅 16 m、深さ 2.2 mが検出された。堀の中から金箔の煙管（吸い口と先端部）など金製品約 20 点のほか高麗青磁（茶道具）も出土した。堀の付近から建物跡も発掘された。指月城は 1592 年に秀吉によって建てられたが 4 年後の慶長伏見大地震で倒壊したと伝えられてきた。秀吉ゆかりの資料はほかにもある。

唐津城跡（佐賀県唐津市）の東側石垣より金箔のシャチ瓦のひれの破片が出土した。同城築城（1608 年）以前のもので豊臣秀吉が朝鮮出兵（16 世紀末）の拠点とした名護屋城（同）の後方拠点時代のものかと話題になっている。調査で名護屋城の瓦が多数出土し、江戸初期の唐津城の築造に際して名護屋城瓦の再利用説が裏付けられた。

また、大阪城の城下町（大阪市中央区）から瓦葺の大形建物跡（東西 16 m、南北 8 m以上）が、豊臣期の武家屋敷域よりかなり離れた西方で発掘され、城下町のあり方をめぐって注目された。発掘建物は大阪冬の陣（1614 年）で焼失した大名屋敷かと考えられている。その他にも当時の人々の暮らしぶりをしのばせる出土品がたくさんある。

堺環濠都市遺跡（大阪府堺市）で中世の屋敷跡 2 棟の一部が発掘された。同遺跡は、大規模な堀に囲まれた貿易都市として周知され、堺市文化財課によって調査されて多くの遺構と遺物が発掘されてきた。今回の発掘は、市の中心地でのホテル建設に伴うものであったが、安土桃山時代から江戸時代の後期にかけての五層が確認され「大阪夏の陣」（1615 年）の焼土層も検出された。陶磁器、銭貨などが出土し、町衆の屋敷跡が発掘されたことは有用であった。

一乗谷朝倉氏遺跡（福井県福井市）では戦国時代の金工の工房跡が発掘された。地金をはじめ刀装具の鋳型、るつぼ、道具などのほか、建物10棟、井戸6基、粘土入りの石製箱が出土した。工房跡の位置が朝倉館に近く、上級武士の屋敷地にほぼ匹敵していることから高級金工師の工房跡と想定されている。

11. 水中考古学の歴史と展望

水中考古学（Underwater Archaeology）は、海洋考古学（Nautical Archaeology）、海事考古学（Maritime Archaeology）とも称されてきた考古学で、水面下に存在する遺跡と遺物を調査の対象としている。海・湖沼・河川の水中に常に存在している文化遺産を調査し研究する考古学の一分野である。

地中海における沈船調査に端を発した海洋考古学は、潜水技術の発達により、海底の沈船調査を陸上の考古学的調査の手法に加え独自の方法を編出して発展してきた。それは沈船の調査から水没都市の調査に及び、古代から近代にかけての水中の文化遺産調査として注目され、欧米における考古学の一潮流として活発な調査活動がなされている。

日本の水中考古学的な関心は100年を超えている。その研究の歴史をたどってみよう。

1908年に諏訪湖（長野県）の湖底から引揚げられた石器が、水中の考古学の端緒となった。曽根遺跡の発見である。調査にあたった坪井正五郎は「杭上住居跡」説を提唱、ついで、鳥居龍蔵は「筏上住居」説を掲げた。この諏訪湖の曽根遺跡をめぐる調査と研究が日本の水中考古学のはじまりであった。他方、1924 年には琵琶湖（滋賀県）の葛籠尾崎沖で縄文土器が引揚げられ、さらに 1931 年頃には志那沖で銅鐸が引揚げられた。このような琵琶湖の水中より遺物が引揚げられた「湖上がり」品として島田貞彦によってまとめられた。その後、小江慶雄は「湖底先史土器」に注目し『琵琶湖底先史土器序説』（1950）を書いて当時の所見を総括した。また、藤岡謙二郎は、粟津の湖底に淡水貝塚の存在を明らかにし、「湖上がり」品の出土品を遺跡との関係において把握する方向を示した。

諏訪湖、琵琶湖において着目された水中の遺跡調査は、1963 年の米村哲英による網走湖（北海道）の湖底遺跡、1967 年の静岡大学による浜名湖（静岡県）の弁天島湖底遺跡、さらに 1974 年には、北海道の江差湾に沈没した旧江戸幕府の軍艦開陽丸の調査が荒木伸介などによって行われた。

開陽丸の調査は、本格的な潜水調査であり、日本の水中考古学にとって記念すべき事例となった。

また、瀬戸内海の小豆島東 6 km沖の一岩礁・水の子岩（香川県）海底の古備前（210 個体）鉢・壺・甕の引揚げ調査も、水中考古学的調査例として注目された。

琵琶湖の水中考古学的調査は、1960 年代以降、琵琶湖開発事業に伴い、滋賀県教育委員会、（財）滋賀県文化財保護協会により湖底遺跡の調査が継続されている。その間、1981 年には、文化庁の委託をうけて京都市埋蔵文化財研究所は、水中遺跡調査法の確立を意図した粟津湖底遺跡の確認調査を実施した。この調査は、調査員が潜水して水中で遺跡の確認、記録を試みたもので、エアリフトを用いた湖底の掘削調査は、その後の調査において活用されていった。

1980〜1983 年にわたり文部省科学研究費特定研究「古文化財に関する保存科学と人文・自然科学」として「水中考古学による遺跡・遺物の発見と調査・保存」が設定され、鷹島（長崎県）の南岸海底の調査がとりあげられた。鷹島（東西約 5 km、南北 13 km、面積 16.23 m^2）は、蒙古襲来の島として知られ、とくに弘安の役（1281 年）に際して元軍（東路・江南両軍 4,400 余艘）の海上集結地域と伝えられている。水中考古学の調査対象地として絶好の選定であった。

調査は、船上からの超音波の反響測定結果の解析、潜水調査の所見、さらに引揚げ品の聞きとりなどが行われ、相応の成果が得られた。鷹島南岸の東西約 7.5 km沖合 200 mの範囲（約 150 万㎡）に元寇に関連する可能性のある遺物が水深 20 m以上に存在していることが突きとめられた。引揚げ遺物類は、錨石（小型）、石臼、鉄槍先、鉄釘、陶器（2 点の褐釉壺など）の破片であった。調査中、神崎港出土品として提出された青銅印鑑（方 6.5 cm、厚さ 1.5 cm、紐高 4.4 cm、重さ 726 g）の印面にはパスパ文字（元のフビライが西蔵僧パスパに命じて作った蒙古の新字）で「管軍総《かんぐんそう》把《は》印《いん》」と刻まれ、右肩に「管軍総把印」、左肩に「中書礼部　至元十四年九月造」と漢字で記されていた。この印鑑の出土は、元軍の「総把」位人の存在を示すものとして元寇資料として重要であった。

その後、「元寇関係遺跡」の海底調査が 1989 年より 3 カ年にわたって組織的に実施され、さきの「古文化財」の調査成果をさらに進展

図 46　鷹島沖海底遺跡（長崎県鷹島町）調査の様子（船上での準備）

図 47　水中で実測図をとる

図48　水中での調査風景

図49　遺物（磚や陶磁器）の出土状況

させた。この調査は、科学研究費による調査で、水中考古学の有効性、必要性を改めて示すとともに鷹島町に水中考古学の一拠点を設置する役割を果たした。

以来、鷹島町教育委員会は、九州・沖縄水中考古学協会などの協力をえて、調査を進め、歴史民俗資料館埋蔵文化財センターを設置して引揚げ遺物の保存を行っている。1994 年には神崎港の防波堤工事によって出土した木製イカリに碇石が装着された状態の資料、2000 年の調査に際して発見された船体の木製部材の資料などの保存処理は、碇石及び多数の陶磁器などの保存ともども水中考古学の調査と研究に重要な所見を提供している。

1980 年代に入ると各地で海底遺跡の調査が実施されるようになった。1982 年の沖縄県石垣市名蔵湾シタダル（船載陶磁器 291 点）1985 年の北海道上ノ国町の漁港の海底調査（肥前系陶磁器 3,000 点以上）などがある。

他方、特定の目的をもった海底調査も試みられた。1977 年の島根県「鴨島遺跡学術調査」、1988 年の広島県福山市宇治島の南方海域の「いろは丸」の調査である。前者は、柿本人麻呂が流刑死した伝承の沈島――鴨島（1026 年の大津波によって海没？）――の実証、後者は、1867 年、鞆ノ浦沖で紀州藩船と衝突沈没した海援隊船の位置確認の調査で、ともに田辺昭三の意欲的な試みであった。また、1992 年、東京都教育庁が実施した神津島（東京都）観音沖で座礁沈没した木造船の調査では積載品の陶器・擂鉢・石硯などが多数見出された。

このような例によっても明らかなように日本の水中考古学は、ようやく日本考古学の一分野として知られるようになってきた。1984年に設立された日本水中考古学会（江上波夫会長）、1986年に林田憲三が中心となって発足した九州・沖縄水中考古学協会（2005年にNPO法人アジア水中考古学研究所）、1988年に田辺昭三を中心として設立された水中考古学研究所（2007年にNPO法人水中考古学研究所）発足はそれを示している。とくに、アジア水中考古学研究所は『水中考古学研究』（創刊号2005年）誌の刊行、シンポジウムの開催、海底遺跡ミュージアム構想に加えて、「海の文化遺産総合プロジェクト—水中文化遺産のデータベース作成と水中考古学の推進—」を2009〜2011年の3カ年にわたり、地域を「南西諸島」「九州近海」「瀬戸内海・四国海域」「日本海域」「関東・太平洋」「北海道・東北」の6地域に区分して現状調査を実施し、機関誌（『水中考古学研究』）や会報誌（『NEWSLETTER』）に報告されている。また、南西諸島水中文化遺産研究会は、対象地域を南西諸島に特定した調査を実施している。

現在、水中考古学の分野でもっとも求められているのは、日本水中遺跡地図の作成、水中考古学研究者の育成である。日本の水中遺跡は、海・湖沼・河川にわたっているが、かつて文化庁が調査したときは200遺跡であったと言う。港湾整備、湖沼開発、河川改修による水中遺跡の湮滅に先立つ調査が必要であることは改めて記すまでもない。水中に存在する遺跡についての認知度を高めていくことが全国的に求められている。

2010年2月、NPO法人アジア水中考古学研究所が調査報告会とシンポジウム「水中文化遺産と考古学」を開催。南西諸島、日本海など四つの海域で昨年度に行われた調査が報告され、鹿児島県徳之島沖で見つかった碇石（船のいかりに使った石）、沖縄県石垣島沖海底の陶器などが発表された。シンポジウム参加者は、水中に存在する遺跡の周知と調査研究の組織化が必要との意見で一致し、地名表の作成が急務であることが確認された。

2011年7〜9月に開催された「水中考古学の世界―びわこ湖底の遺跡を掘る―」展（滋賀県立安土城考古博物館第38回企画展）、2012年2〜3月に開催された企画展「海のタイムカプセル―水中考古学からのおくりもの―」（NPO法人アジア水中考古学研究所主催、東京海洋大学共催）のような展示会によって、水中考古学についての理解が深まることが期待される。

各自治体は、埋蔵文化財がどこにあるかを地図上で示す「地名表」を作成し、それに登録された地域での開発を文化財保護法で規制しているが、水中遺跡については地名表は作られていない。文化庁は10年前、全国の市町村に水中文化財のアンケートを行った。海、湖沼に存在する遺跡216カ所が報告されたが、地名表としてまとめられなかった。

12. エルトゥールル号の調査

オスマン帝国（現トルコ共和国）の軍艦エルトゥールル号（以下エ号と略す）は、1890年9月16日の夜、和歌山県串本町沖「船甲羅」岩礁で台風のため座礁、沈没した。オスマン・パシャ司令長官を含む540名の乗組員中、69名が生存した海難だった。

エ号は、明治天皇からイスタンブルに授与された大勲位菊花大綬章の返礼としてスルタン・アフデュルハミト2世からの勲章を届けるため、イスタンブルを出航、11カ月の航海の後、横浜に到着して目的を達成した。そして1890年9月15日に横浜を出航、帰途についたが、台風に遭遇したのであった。生存者は大島の人びとにより救護され、その後、9名は日本の軍艦によりイスタンブルに帰国した。遭難場所を望む樫野崎にはエ号の慰霊碑がたてられ、日本とトルコの友好の絆となった。

エ号沈没から120余年を経てトルコの水中考古学者トゥファン・トゥランハ団長を中心とするメンバーによりエ号の調査が2007～2010年にかけて実施された。2010年はエ号沈没して以来120年目であった。調査は、「船甲羅」付近一帯を水中音波探知機と金属探知機を用いて沈没位置を確認し、銅製料理鍋、イギリスの1ポンド金貨、日本の1円銀貨、陶器、弾丸など約6,800点が引き揚げられ、トルコ共和国ボドルム市のニクソン・グリフィス保存研究所と日本の串本のエ号研究センターで脱塩処理が行われた。

13. 元寇沈船の発見

2011～2015年にかけて実施された「水中考古学手法による元寇沈船の調査と研究」（日本学術振興会科学研究費）チーム（代表：池田榮史）は、鷹島の南岸沖において水中音波探査による調査、水中発掘調査を行い「元寇沈船」を発見した。「元寇沈船」は、水深20～25 mの地点、10 m×15 mの調査範囲で確認され、キール（竜骨）と両舷側板材（外板）が船体構造を示して見出された。キールの幅は約50 cmで東西方向に約12 mが確認され、外板は幅15～

25 cm、厚さ約 10 cmのものが多く、長さは 1〜6 m、キールの両側に 2〜5 mの範囲で並んでいる。その上部からは中国産の陶磁器片、塼が存在し、硯・銅銭・てっぽう・砥石などが認められ、「元」船であることが確認された。

部材などの所見から全長 20 m以上の大型船と推測されている。弘安の役（1281 年）に際して沈没した元船であり、水中考古学の成果として注目されている。

国内の水中遺跡の調査は、海の沈没船を対象とする 2、3 の例、湖沼の水底から採集される遺物をめぐる検討例が見られるくらいで実績が少ない。遺物や調査方法が体系づけられておらず、水中考古学はまだ学問として確立されていない。外国では沈没船の財宝が目当ての企業から探査や引き揚げの技術を取り入れるなど、営利活動と関係が深いことも背景にある。

盗掘の禁止、保護の優先などを定めたユネスコの「水中文化遺産保護条約」に、日本は批准していない。100 年の調査歴を踏まえ、水中文化遺産の保全について本格的に論議すべきであろう。すでにアジア水中考古学研究所では機関誌『水中考古学研究』の刊行などを通じて世論喚起の活動を展開しており、成果が期待される。

14. 貨幣考古学

歴史考古学における出土貨幣の調査研究は、近年、目覚ましく「貨幣考古学」の提唱となり、社会経済史の分野からも注目されている。

日本古代の貨幣は、皇朝十二錢〔和同開珎（708年）、万年通宝（760年）、神功開宝（765年）、隆平永宝（795年）、富寿神宝（818年）、承和昌宝（835年）、長年大宝（848年）、饒益神宝（859年）、貞観永宝（870年）、寛平大宝（890年）、延喜通宝（907年）、乾元大宝（938年）〕、中世は渡来銭、近世は、寛永通宝〔1626年以降〈古寛永1626年～1658年、新寛永1668年～〉〕とされている。したがって、わが国で鋳造された公銭は、奈良・平安時代の皇朝十二錢と近世の寛永通宝である。

中世は、専ら中国から輸入された渡来銭が貨幣として使用された。唐・北宋・元・明の各王朝代に鋳造されたもので、とくに北宋錢が多く、唐～北宋代の代表的な錢種は、開元通宝・皇宋通宝・元豊通宝・元祐通宝・煕寧元宝などが見られ、明錢の洪武通宝・永楽通宝であった。中世、とくに13世紀以降、各地で、千・万枚単位で一括して埋められている貨幣が出土することがある。一括出土銭と称され、埋蔵の目的、意味をめぐって論議されている。このような出土状態の貨幣については、備蓄銭と称されているように「備蓄」を目的としたものと考えられてきたが、また、「埋納」を目的としたとの解釈も提出された。

発掘される貨幣は、出土渡来銭と称呼され、中～近世の出土銭の調査と研究が進展しているが、古代の富本銭の鋳造遺跡の発見は、和同開珎以前の貨幣鋳造を具体的に示すことになった。

このような出土銭についての研究は、鈴木公雄の一連の研究によって方向性が示され、さらに櫻木晋一によって「貨幣考古学」が提唱されている。

一方、1993年には、出土銭貨研究会が発足し、『出土銭貨』誌の発行、年次大会を開催し、調査研究の動向を共有する役割りを果している。

以下にいくつかの発見例をあげてみよう。

歴史考古学の妙味は、考古学の資料（遺跡・遺構・遺物）と文献史学の史料（古記録・古文書など）との相互の検討が可能である点にある。とくに、古代においては、出土資料の年代と意味付けが正史と対応することによって具体的に解明されることが往々に認められる。

奈良文化財研究所によって藤原宮跡（奈良県橿原市）から地鎮跡が発掘され話題となった。藤原宮（694〜710年）大極殿の南門より西に延びる回廊跡の下層から四隅に穴が見られる土坑（一辺約60 cm、深さ約45 cm）が検出され、その中に口縁部が一部欠けた須恵器の平瓶が埋められた状態で出土した。平瓶には、富本銭9枚と六角柱状の水晶9点が納められていることがＣＴスキャンによって確認された。4本の結界杭の中央に置かれた平瓶には七曜文が配された富本銭と水晶が各9点認められ「九」を尊ぶ陰陽道による地鎮祭が執行されたことが知られた。『日本書紀』692（持統6）年の「藤原の宮地を鎮め祭らしむ」とまさに対応する遺構の発掘であった。

藤原宮跡（694〜710年）大極殿南門付近の回廊跡から発掘された地鎮跡出土の平瓶のなかに、9枚の富本銭と9個の水晶が納められていることがＣＴスキャンによって確認されており、その調査結果が奈良文化財研究所によって発表され注目されている。富本銭

（9枚中の8枚）は、すでに知られていた飛鳥池遺跡（奈良県明日香村）などで出土していた「うかんむり（隷書）」の富ではなく「わかんむり（行書）」の冨であり字体が異なっていた。富本銭には「富」タイプ（A）と「冨」タイプ（B）の2種があり、A鋳造地の飛鳥池遺跡のほか未見のB鋳造所の存在が考えられるにいたった。

以前の厭勝銭（まじない用の銭）説に対して実用流通説の妥当性をはじめ、683（天武12）年初鋳論、円形方孔四周の2文字と七星紋配置の問題など、わが国における円形方孔四周四文字銭（和同開珎、708年）の普及をめぐる論議に一石を投じることになった。

平城宮跡（奈良県奈良市）の東院地区でも8世紀後半の地鎮跡が発掘された。平城宮跡については、奈良文化財研究所が1959年以来、発掘調査を継続しているが、地鎮跡が発掘されたのははじめてのことである。

東院地区では、内裏が位置する地区で、奈良時代後半（8世紀後半）の築地回廊で囲まれた大型の建物跡が発掘されてきたが、このたび方形坑（東西約40 cm、南北約50 cm）の中から和同開珎などの貨幣約110枚がひもを通した状態で出土し、上に土師器の皿（径約19 cm）2枚が置かれていた。皿は灯明に用いたもの、銭種は3枚の和同開珎以外は不明であるが、7世紀末の藤原宮の例が富本銭を伴っていたのと対比すると、銭貨を用いた地鎮祭の有り様が知られて興味深い事例となった。

7～8世紀の地鎮跡については、すでに諸仏教寺院・平城京・太宰府などで発掘されてきたが、藤原宮・平城宮における建物の建立に際して行われた地鎮供養の実態が知られたことは注目される。地鎮を示す文献史料より窺われる鎮祭は陰陽師によって行われていたと考えられ、宮における地鎮の場景を彷彿とさせる資料の発掘例と言えよう。

平城京跡の左京四条四坊十三坪（現三条本町）の地から和同開珎5枚が入った蓋付きの須恵器の壺が発掘された。高さ15 cm、胴部直径13 cmの蓋が被さり、土坑（東西45 cm、南北40 cm、深さ26 cm）の中に置かれていた。地鎮か胎盤などを納めた胞衣壺のいずれかと見られている。粘土で密封された例として珍しく、8世紀中頃の信仰に関する資料として注目されている。

さらに平安宮（京都府、794〜1869年）の大内裏の西約400 mの地域でも地鎮跡が発掘されている。邸宅跡主屋の北端中央から直径約45 cmの穴が検出され、火を用いた痕跡と高さ約10 cmの須恵器の壺が出土した。また、武蔵国府の国庁跡（東京都府中市）の北西約500 mの地から楕円形の穴（長さ約130 cm、残存幅80 cm、深さ約10 cm）が発掘され、中から銅製の八花鏡（面径約6.4 cm）が出土した。平安京、武蔵国府ともに9世紀の遺構で中央・地方を問わず地鎮が広く行われていたことが次第に明らかとなってきた。

一方、中世に入ると、貨幣は古代とはまた異なった場面で登場するようになる。

北九州市の黒崎宿本陣跡から、「模鋳銭」の工房跡が発掘され話題を集めている。模鋳銭とは、本銭（公―官―鋳銭）を銭文鋳型として鋳造した銭貨のことで、日本においてほぼ14世紀から17世紀にかけて鋳造された。

日本では、古代の皇朝12銭（708年の和同開珎から958年の乾元大宝にいたる12銭）の後、近世に寛永通宝（1636年）が公鋳されるまでの間、10世紀後半から17世紀前半にいたる中世には本銭は鋳造されなかった。使用された銭貨の多くは、中国の宋・明から輸入されたものが流通していたが、他方、鎌倉・京都をはじめ堺や博多などにおいて模鋳銭が造られていたことが、近年鋳型の出土によって確認された。

中世の銭貨は、備蓄銭と称されてきた一括出土銭（10万枚以上の出土例もある）のあり方が考古学の分野で注目され、埋められた目的は備蓄のみでなく信仰意図をも考慮すべきである、との意見も提出されて中世史研究の重要資料として争点となっている。

本銭なき日本の中世は、主として中国からの輸入銭の流通によって貨幣経済が成りたっていたが、模鋳銭の鋳造場所が各地で発見されるようになり、中世に流通していた銭貨をめぐって新たな視点が提出される気運が醸し出されている。

黒崎宿本陣跡の工房跡の発掘は、このような動きのなかでの報道であった。工房は、東西約70 m、南北約20 mの範囲に約6 m四方を単位とする20区画の存在が想定され、陶製のるつぼ（高さ約15 cm、直径約8 cm）3点とその残欠品のほか、模鋳銭（祥符通宝など11枚）と本銭（数10枚）が出土した。黒崎は、黒田藩が1604～1615年にかけて管掌した地であり、寛永通宝の流通以前に鋳造が行われていたことが考えられ、半ば公の鋳銭工房として位置づけされる可能性がある。今後、各地で模鋳銭の工房跡が発掘されることを予期させる発見であった。

中国製の円形方孔の貨幣は、日本のみでなく東アジア一帯に広く分布し、円形方孔銭流通圏とでも呼称すべき経済圏を形成していた。また、近世に入って日本から東南アジア方面に輸出された銭貨の存在も知られている。模鋳銭の確認とその研究の展開は、日本中世史の課題のみでなく、東アジア全域を視野に入れての研究が注目されるようになってきている。

15．山岳信仰遺跡の研究をめぐって

（1） 山岳信仰遺跡研究の回顧

日本における「山」の考古学的調査・研究は、古来、信仰との関わりで展開してきた。その対象は、信仰の痕跡としての遺跡（遺構）であり遺物の存在であった。これら形而下の資料は、信仰の実態を具象的に顕在させることが可能であるため考古学的研究の課題として注視されてきた。

現在、山岳信仰の考古学は日本の考古学界において発展が著しい分野として関連分野からも注目されている。そこで当該分野の進展を当面する課題に添って逐年的に概観することにしたい。ここで当面する課題とは、いわゆる「歴史時代」の山岳信仰遺跡とそこから派生する事項及び展開についてである。

考古学的方法による山岳信仰の調査・研究を逐年的に整理するとⅢ期にわけて展望することができる[(1)]。

① 第Ⅰ期（揺籃期）

山岳信仰に関わる遺跡・遺物の存在が認識され、表面採集による遺物の確認が進んで当該分野の先駆的報告・論文が発表された時期。

丸山瓦全・古谷清（1924）による日光男体山、鳥居龍蔵（1926）による筑波山、樋口清之（1927・1928）による三輪山、大場磐雄（1935・1936）による大山・日光男体山（二荒山）・箱根山・伊豆山・赤城山・榛名山などの調査結果が報告された。また、大場（1943）の総括的見解が集成された。大場は、石器時代～歴史時代の遺跡・遺物を資料として「神道考古学[(2)]」を提唱し、山岳信仰と修験道との関係について論及して以後における研究の方向性を具体的に論じた。さらに、大場は「祭祀遺跡ノ研究」（1947、國學院大學提出学位論文。1970 公表）において「自然物〈山嶽・巌石・湖沼・池泉など〉」を対象とする祭祀遺跡を分析し〝神奈備式霊山〟の存在を指摘するとともに祭祀遺物の諸相について具体的に資料を挙げて論じた。他方、山岳信仰は、山林仏教（経塚）、修法関係遺跡さらには峠の神に対する祭祀の痕跡などをも加えて考察すべきことを論じた。

かかる問題の提起は、石・水の信仰ともども「神道に関する諸現象を考古学上より考察し」て、「日本考古学の中に、神道を中心とする一分科を樹立」する構想のもとに体系的に主唱したものであったが、山岳信仰の考古学的研究の方向性を示した。

②　第Ⅱ期（確立期）

考古学の視点で各地の山岳信仰についての関心が高まり、山岳山頂遺跡の発掘調査が試みられ、他方、山岳信仰に対する諸分野の研究成果が総括された時期。

1959 年に日光、1960 年に大山、宝満山、1964～1965 年に戸隠、1975～1977 年に求菩提山などにおいて計画的な発掘が実施された。

日光男体山の山頂（2,484 m）から仏法具の出土が知られていたが、1959 年に組織的な調査が行われた。山頂の遺跡は、男体山頂をはじめ太郎山頂、女峰山頂、大真名子山頂、小真名子頂にわたって認められるが、なかでも男体山頂から鉄錫杖・密教法具（独鈷杵・三鈷杵・羯磨など）・鏡鑑・鉄火打鎌・武具・農工具・懸仏・土器類・銅印など多種多様の優品が検出された。古代から近世にわたるこれらの遺物は巨岩の岩裂を中心として見出され、儀礼のあり方を彷彿とさせる。

大山（神奈川県）の山頂（1,252 m）に存在する遺跡が 1960 年に発掘された。修法跡などが発掘され、1879 年に出土した経塚関係の遺物のほか、小仏像（懸仏か）・土器類・銭貨などの出土が知られ、12〜15 世紀頃に比定される。

宝満山の山頂（830 m）とその付近の調査が実施され、上宮岩壁の中腹の棚状部分及びその直下から銅鏡・銭貨・石製祭具・土器類が見出され古代の信仰の実態が明らかにされた。

戸隠山（1,911 m）では、奥社の講堂跡・院房跡と修業窟などの調査が行われ、前者から仏具・土器類、後者から金銅仏・仏具類が検出された。出土遺物の観察から 13〜14 世紀の信仰の痕跡が顕現された。

求菩提山（782 m）は修験の道場として知られているが、3 年間にわたる発掘によって多くの経塚が検出された。山頂の巨岩付近と岩窟内より見出された経塚は 12 世紀代のものであり、営造の実態が明らかにされた。

考古学的発掘が実施されたこれらの諸山は、古来、信仰の対象として遺物の出土も知られていたが、発掘の結果、その事相の一端が明瞭にされたのである。

このような山岳信仰遺跡の発掘の実施に呼応するかのように、山岳信仰に関する文献史学・宗教学・民俗学など諸分野の成果を集成した「山岳宗教史研究叢書」全18巻が刊行された。1974〜1984年にかけて刊行された主要霊山編（1〜6）、地方霊山編（7〜13)、文化・伝承・史料編（14〜18）には、山岳信仰をめぐる研究の到達点が示されている。とくに、地方の諸霊山を修験道の視点において展望するとともに修験道の美術・芸能・文学・伝承文化を開示した諸論と修験道史料が収録され、修験道研究の指針的役割を果たすものであった。

また、1985年に奈良国立博物館で開催された春季特別展「山岳信仰の遺宝」は、1983年から着手された大峰山寺の本堂解体修理に際しての発掘品・小黄金仏2躯なども展観され、まさに「時宜相応の企て」として注目された。それは「山岳信仰に焦点をあてた最初の企画」であり、山岳信仰の実相を遺物を通して総覧したものであった。

山頂遺跡の考古学的発掘の兆し、山岳信仰研究諸分野の論文集成、山岳信仰遺品の展望は、山岳信仰の事態を考古学的方法で究明する方向性が確立されたことを示したのである。

③　第Ⅲ期（形成期）

山岳信仰遺跡の新たな研究視角は1983年に着手された大峰山寺本堂の解体修理に伴う発掘調査が一つの契機となって進展していく。

1986年に國學院大學考古学資料館によって行われた白山（2,702 m）

山頂遺跡の発掘調査が改めて注目の的となり、1991・1992年に実施された「大峰奥駈道の考古学的調査」を課題とする「山岳信仰遺跡の踏査とその測量を中心」とした大峰山岳信仰遺跡の調査研究の方法ともども、山岳信仰遺跡の考古学による調査の方法が具体的に提示され、分布調査と発掘調査の必要性が求められるようになった。

大峰山の調査は「奈良山岳遺跡研究会」(研究代表：森下恵介)が組織され、大峰奥駈道の分布調査、参籠窟（笙ノ窟）の測量・発掘調査、深仙宿跡の測量調査、小篠宿跡の測量調査（1999〜2001)が実施された。調査の成果は『大峰山岳信仰遺跡の調査研究』(2003）として発表され、大峰山の開山が奈良時代後半であることが示されたのである。ついで、2003年には「吉野山金峰山信仰の考古学的研究」(研究代表：茂木雅博）として、吉野山南部遺跡群(安禅寺跡とその周辺の測量）の調査が、2005年には吉野山南部遺跡群「金照坊」地区・上岩倉遺跡の測量と周辺の悉皆調査が「山岳信仰の考古学的研究」(研究代表：橋本裕行）の一環として実施された。因みにこれらの研究は、(財）由良大和古代文化研究協会及び（独）日本学術振興会の科学研究費（基盤研究B）に関わる研究調査であった。

大峰山寺における発掘調査が触発となって「山の考古学研究会」が1987年に発足した。山岳信仰の考古学的調査研究が関連分野の研究ともども全国的に行われるようになっていったが、その間、山の考古学研究会は、逐年、調査成果の発表と情報交換の研究会を企画し、奈良県（峰山)、栃木県（日光山)、滋賀県（比叡山)、神奈川県（大山)、富山県（立山・剣岳)、山梨県（金峰山)、石川県

図50　石川県白山市白山山頂遺跡（御前峰）

図51　奈良県上北山村笙ノ窟

（白山）、奈良県（大峰山・笙ノ窟）、山形県（出羽三山）、奈良県（吉野山）、茨城県（筑波山）、大阪府（高尾山頂遺跡）、福島県（飯豊山）、鳥取県（大山）、和歌山県（高野山）、群馬県（赤城山）、福岡県（宝満山）、長野県（戸隠山）、滋賀県（伊吹山）、島根県（大船山）、奈良県（深仙窟・玉置山）、山梨県（乾徳山）などで研究集会をもった。このような動向は、各地域に山岳信仰遺跡についての関心を醸成する契機となり、刺激となって同好の士が増えていった。

2003〜2005年に福井県で開催されたシンポジウム「山の信仰を考える」（朝日町）及び「山と地域文化を考える」（第20回国民文化祭越前町実行委員会）は圧巻であった。2003年のシンポジウムで越前五山の越知山と山頂遺跡（大谷寺遺跡）に着目し、2005年のプレシンポジウムで山岳信仰の考古学、本シンポジウムでは「北部九州・近畿・関東・北陸と中国及び朝鮮」の諸霊山の基調報告があり、山岳信仰遺跡の調査の現況が示された。とくに第3回シンポジウムの資料集には「全国の主要な霊山」「福井県内の主要な山と主な宗教施設」「山岳寺院データベース」などが収録された。2009年には「中世北陸の山岳信仰」（北陸中世考古学研究会）が開催され、越前、加賀、能登・越中、越中・加賀、越中にそれぞれ存在する諸霊山についての報告があり、考古資料による研究の状況が総括された。

山岳信仰遺跡のなかで、古来、調査の眼が向けられていたのは仏教及び修験道に関する寺（山寺）についての関心であった。広義の信仰遺跡に対する調査が進展するのに伴い山寺についても注目されたのは当然であった。

2004～2006年にかけて実施された「忘れられた霊場をさぐる」講演・報告会（栗東市出土文化財センター講座）は、栗東と近江南部に残る「山寺」をテーマに開催され、報告集には紙上報告・調査資料集が収められた。また、2010年には「三遠の山寺」（三河山寺研究ミニシンポジウム、三河考古学談話会）が開催され、三河、遠江、駿河における古代末～中世の山寺についての知見がまとめられたことは有用であった。

「山寺」をめぐる総括的研究は、2008～2011年の4年間、全国的に実施された「日本中世における「山の寺」（山岳宗教都市）の基礎的研究」（(財）日本学術振興会・科学研究費（基盤研究（B))、研究代表：仁木宏）が注目される。その総括シンポジウム「中世「山の寺」研究の最前線」が2011年に開催され、各地の「山の寺」調査の現状が報告された。この研究は、文献史学分野の研究者が「山の寺」を山岳宗教都市のあり方と関連して位置づける方向性をもつやに窺われるものであるが、その基礎資料は考古資料を一つの前提とする。したがって、古代末～中世にかけての山寺跡の悉皆調査の実施が将来にむけて求められるにいたった。

山の考古学研究会の『山岳信仰と考古学』（2003年　同成社）、『山岳信仰と考古学Ⅱ』（2010年　同成社）に収められた30余編の論文は、山岳信仰遺跡研究の基礎となり、調査の方向性の指針をも含むものであった。

かかる動きは、各地において山岳信仰遺跡を考古学の方法によって明らかにする方向を惹起し、山の遺跡の分布調査、伝承廃寺跡の再検討が行われるようになった。加えて、従来、さして調査の対象として意識されることなく等閑視されてきた山の遺跡の発掘が試みられるような気運が地域ごとに横溢するにいたったのである(3)。それに伴って地域史の研究目標に山がクローズアップされ、山の信仰に対する伝承などが文献史学分野の調査とあいまって展開していくようになっていった。それは地域における信仰の史的背景を闡明にする役割りを果たすこととなり、考古学の有用が改めて注目されたのである。

以上、山岳信仰遺跡の研究を考古学の視野から揺籃・確立・形成とⅢ期に区分して展望してきた。元より粗略な独善的な区分であり管見にすぎない。

（2） 山岳信仰遺跡の種類

「山」の信仰遺跡は、「山容」と関連づけて研究が進められてきた。それは、富士山を代表とする浅間型と三輪山を典型とする神奈備型である。この二者は、峻厳的な前者、秀麗的な後者であり、集落（里）と遠隔の浅間型、指呼至近の神奈備型である。換言すれば、登拝修行の「山」は浅間型、仰ぎ尊び祈念する「山」は神奈備型である。神奈備型は、耕地と平面的に連続し人知の及ばぬ「山」としての存在である。

山岳（山嶽）の信仰遺跡(4)と言えば、主として浅間型の「山」と感覚的に捉えられるが、神奈備型をも包括する場合もある。浅間型の遥拝祭祀遺跡、神奈備型の山裾祭祀遺跡をも対象として、それぞれの信仰遺跡として理解する方向も認められている。

ここで対象とするのは、すでに研究の回顧において展望しているように浅間型の「山」の信仰遺跡である。

山岳信仰に関する遺跡は、大別すると遥拝の遺跡と登拝の遺跡となるが、一般的には、山（山岳）に存在する遺跡を連想する。山は、古来、生産の場であり信仰の空間であった。山における生産の様態は多岐にわたるが、その多くは信仰意識と暗暗裡に密接な関係を保持してきたことが知られている。

山岳における信仰の場は、山頂、山腹、山裾と自然的環境によって分けられ、一方、山中に存在する洞窟、岩石、池などの自然物、祠、伽藍、埋経地（経塚）、宿坊など人工施設による対象として認識される。これらの場は、自然条件の相異と信仰者の時代差によって一様ではないが、総じて認められる。

山岳信仰遺跡として広く意識されるのは、山頂に存在する遺跡（遺物存在地）である。周知の羽黒山（山形県）、信夫山（福島県）、筑波山（茨城県）、日光男体山（栃木県）、武甲山（埼玉県）、大山（神奈川県）、箱根駒ヶ岳（神奈川県）、富士山（山梨県・静岡県）、金峰山（山梨県・長野県）、妙高山（新潟県）、白山（石川県・岐阜県・福井県）、大峰山（奈良県）、宝満山（福岡県）は、古代～近世の代表的な山頂信仰遺跡である。なかでも発掘調査が行われた日光男体山では、太郎山神社の祠付近の岩の隙間などから鑑鏡（160面以上）、仏像、懸仏、鉄鐸（130）、鉄刀子（450以上）、鉄火打鎌（44以上）、銅印、銭貨（1,300以上）、武器・武具類、馬具、農工具、仏法具（独鈷杵・三鈷杵・羯磨・鐃・香炉・花瓶・鰐口ほか）、経筒、禅頂札、種子札、陶磁器など多種多様な遺物が検出された。古代～近世に及ぶこれらの遺物は、男体山上において修験道の信仰事相が行われていたことを示している。また、白山については、鑑鏡、懸仏、仏法具（独鈷杵など）、火打鎌、経筒、陶磁器など、古代〜中世の遺物が検出されている。さらに、大峰山上の大峰山寺本堂の解体修理に伴う発掘によって、金仏、鏡像、御正体、鑑鏡、仏法具、銅板経、銭貨、陶磁器（青・白磁）などが出土し、10〜12世紀における事相が知られた。大峰山頂には、湧出岩付近に営造された経塚、大岩の至近地に設定された護摩壇施設が検出されている。一方、宝満山の山頂遺跡は、山頂の岩壁の下方から、銅儀鏡、銭貨(和同開珎・万年通宝・神功開宝・隆平永宝・富寿神宝・承和昌宝)、陶磁器（二彩・三彩・緑釉・灰釉）類、石製模造品など8〜9世代の遺物が見出されている。

山頂遺跡の発掘が行われた2〜3の例を見ると、修験的事相と非修験的事相の信仰様態を窺うことが可能である。ただ、かかる修験の行法には仏教的な事相の痕跡を内包混在していると考えられ、一方のしからざる例と対照的である。たとえば仏教的な事相は、四度加行（十八道法・金剛界法・胎蔵界法・護摩法）行法の痕跡とも考えられ、その場として頂上の空間が求められていたことは明らかである。また、儀鏡、石製模造品、銭貨を中心とする他例は、非創唱宗教の祈りの一類として理解すべき可能性を示しているとすべきであろう。

山頂には、経塚の営造が認められている。1007（寛弘４）年に藤原道長が奉納した金銅経塚を主体とする大峰の金峰山経塚はその代表的な遺例として知られている。計画的に発掘調査された朝熊山経塚（三重県)、求菩提山（福岡県)、槙尾山経塚（大阪府)、武蔵寺経塚（福岡県）は、山頂〜山腹に営まれた代表的な例である。経塚は、経典埋納の遺跡で北海道を除き全国的に認められているが、その多くは容器と施設を伴う平安時代のものであり、中世末〜近世にかけての礫石経とは性格を異にする。書写経典を埋納する目的のもとに形成された古代と中〜近世の経塚が共に山頂とその近くに見られることは、山に認められる遺跡として注意される。

多く山腹に平場を造成し営まれている山寺（山岳寺院・山林寺院）は、以前から考古学の対象として注目されてきた。その多くは法燈の跡絶えた廃寺跡であり、堂宇が存続している例は、建築史・美術史分野の主対象として調査研究がなされてきた。考古学で対象としてきた山の廃寺跡については、かつて「山地区画伽藍」と「山地任意伽藍」に二大別し、平地に営まれた「平地方形区画伽藍」と「平地任意伽藍」と対比したことがある[(5)]。山の二者は坐禅修行、平地の二者は都邑修学を目的とした造営と考えたのである。また、小さな山寺の多くは阿蘭若処として設営されたものであろう。その選地は、閼伽水が絶えることのない場、あるいは巨岩・奇岩の存在する場、石窟であった。したがって、限られた時間の法燈の場であったと推考され、小規模かつ短期間内の施設として阿蘭若処の存在が推考される。それは小さな「山寺」であり、「山地区画」と「山地任意」に加えて「阿蘭若処[(6)]」的な性格を有する遺例が認められると考えている。

石窟は、他方、修験道の修行窟としても利用されたことが知られている。阿蘭若処であるか修行窟であるか、石窟内における検出物の検討が必要であることは言うまでもない。

池中納鏡遺跡は修験道、池中経文投入遺跡は仏教的作善業の痕跡として把握される。前者は、羽黒山（山形県）鏡ヶ池（600面以上）、赤城山（群馬県）小沼（13面）、後者は、榛名山（群馬県）榛名湖、などの諸例が知られている。

山頂、山腹、山裾に岩場・巨石の存在が認められる場合はそれ自体が信仰の対象とされている。山頂における岩場、山頂・山腹に見られる磐座としての巨石である。箱根駒ケ岳（神奈川県）の山頂には3箇の磐座があり、周辺より土師器坏が銭貨（宋銭片）とともに出土している。また、赤城山（群馬県）の尾根上の「櫃石」は至近の4巨石とともに磐座群として知られ、周辺より石製模造品・手捏小型土器・玉などが採集されている。山頂近くと山腹の岩場に修験の行場が設定されていることもあるが、多く地名・伝承の場であり、考古学的資料を見出すことはほとほと困難である。

山中には、修験の結界と考えられる巨石の存在が認められるが、結界標識となる整形痕、文字表現が認められるものはほとんどない。また、釘類の遺存による祠施設の存在を推察することはできるが、その確認には発掘調査が必要であることは言うまでもない。

仏教・修験における仏像は多種多様であるが、修験にとって不動明王、蔵王権現、役行者の崇拝対象は特有である。修法の対象である阿弥陀、薬師、虚空蔵、普賢、文珠、観音などの造型、山伏の諸道具（十二、十六）類にも配慮される。それは諸山において見出される多くの仏法具ともども遺跡の特性を考える重要な遺品となっている。

16. 富士山の信仰遺跡の調査

富士山は、浅間式山岳信仰の代表的霊山として有名であり、古来、信仰史をめぐる研究業歴は、まさに汗牛充棟の感がある。しかし、その考古学的事相は隔靴掻痒であり不鮮明である。1930年に山頂の三島ケ嶽（標高3,734 m）北東部（3,713 m）から発見された経塚は、一切経埋納経塚として唯一孤高の作善の仏教遺跡であるが、不時発見のため、その全容は必ずしも明瞭ではない。

三島ケ嶽で発見された経塚[(7)]は、1149（久安5）年に富士上人末代により一切経5296巻などが、見仏悟道、仏法興隆を願い、鳥羽法皇ほか京洛、東海・東山両道の結縁者を得て駿河国富士山の山頂に営造したとされている。蓋し、未曽有の遺跡であり、仏教考古学とくに経塚研究者にとって不可避の経塚であった。この経塚の実態解明を意図した三宅敏之は1959年以来、関係史・資料を渉猟した。また、勝又直人[(8)]は、2008年に富士山世界文化遺産推進事業に伴い現地調査と現存資料の確証調査を行い、現在的所見を総括した。

富士山には、三島ケ嶽経塚のほか、5合目経ケ嶽（日蓮聖人宝塔の根元から「自然ニ地中ヨリ発掘」）より出土したと伝えられている室町時代の版経（法華経・序品）の残片が東京国立博物館に所蔵されている。また、1924年に日蓮聖人関係堂宇の増築工事中に出土したと伝えられる青銅鋳製の経筒（現存高さ約21.3 cm、直径約13.5 cm、厚さ1〜2 mm）が納入の紙本経（朱書・観普賢経など10巻、縦22 cm、17字詰、46行）とともに2002年8月に富士吉田市歴史民俗博物館の企画展「富士の信仰遺跡」で展観紹介された。経ケ嶽には、伝資料の出土地点を肯定すれば、平安時代後期及び室町時代に経塚の営造がなされたことが知られる。

伝経ケ嶽の平安時代写経は、朱書であり三島ケ嶽経塚経巻50巻中、3巻の墨書以外は朱書であったことが想起される。

富士山における埋経は、平安時代後期に山頂（三島ケ嶽）において末代上人によって行われたほか、末代上人、または有縁の勧進者により5合目（経ケ嶽）においてなされたことが考えられる。山頂のほか木山と焼山の境における経塚の営造は、営造選地として首肯されるであろう。

しかし、山頂の三島ケ嶽経塚、吉田口の5合目の伝経ケ嶽経塚は、不時発見及び伝資料であることに問題点が残されている。今後、「天地境」――森林限界付近――の計画的調査によってかかる問題解決の緒が見出せる可能性があろう。

富士山頂に大日寺と号する仏閣が末代上人により建立されたのは久安5年頃のことであった（『本朝世紀』第35）。この大日寺については位置など不詳であるが、三島ケ嶽経塚より「承久」墨書銘の経筒が出土しており承久年間（1219～1221）の埋経次第は大日寺との関係が考えられ、その位置は、後世「表大日」と通称された大日堂の近くであろうか。山頂は、経年自然環境の変容に加え、廃仏毀釈により仏教的施設などの解体除去、関係文物の破壊と遺棄が行われており、古代に限らず中世～近世における遺跡も同断である。かかる状況に対応するには、考古学的調査の実施が期待される。

中世の修験者及び道者の登拝の実際は、村山口の中心であった富士山興法寺〔村山浅間神社〕（駿河）と村山三坊（大鏡坊・池西坊・辻之坊）の故地調査、大日堂（興法寺）に保管されている下山仏の調査の必要がある。吉田口二合目の御室浅間神社には、かつて、「文治五年（1189）七月二十八日」銘の木造不動明王（？）像、「建久三年（1192）四月九日」銘の木造女神像が祀られ、他方、伊豆の走湯山との関係も推察されて浅間信仰及び富士山修験の拠点的位置を占めていた。吉田口2合目については、すでに発掘調査が試みられ注目されてきた。

近世については、富士講関係の石造物が吉田口の登拝道（道者道）各拠点に存在している。吉田口1合目の発掘は、登拝道の考古学的調査として先駆的な試みであり、関係諸分野から注目された。近世は、富士講による富士信仰が隆盛をきわめ、中世における道者の道を用いた登拝道のほか、八海巡り、角行終焉の人穴への道程、さらに碑塔の建立が認められているが、まだ不分明のことも多く残されている。近世における富士信仰の実相は、甲斐・駿河の浅間神社の展開ともどもより将来の究明が求められている。

以上、富士山の「歴史時代」信仰遺跡について概観してきたが、それにつけても考古学的方法による調査と研究が等閑視されていることであった。もちろん、先駆的な研究が認められるにしても、発掘調査の事例はまさに稀有であった。

2009年から2011年にかけて山梨県埋蔵文化財センターが実施した「山梨県内山岳信仰遺跡詳細分布調査」は、2004年～2008年の「山梨県内中世寺院分布調査」の成果に立脚し、とくに山梨県南東部地域の「富士山信仰に関る遺跡」が対象とされたが、なかでも注目されるのは、（1）浅間神社の境内地及び周辺の関連地、（2）伝承地、（3）富士山五～六合目の石室などの試掘確認調査である。

図 52 「絹本著色富士曼荼羅図」（浅間大社蔵）

御室浅間神社本宮・里宮、北口本宮浅間神社、河口浅間神社に対する考古学的調査は、はじめてのことであった。御室浅間神社本宮の周辺においては吉田口登拝道2合目の往時の環境を示唆する資料が検出され、また、5〜6合目の石室の実態把握に関する手掛りが得られた。御室浅間神社里宮、北口本宮浅間神社、河口浅間神社における境内地の試掘は、それぞれ浅間信仰の歴史的事相を考察する資料が得られたことは大きな成果であった。さらに、富士山遥拝の地と伝えられてきた大塚丘はレーダー探査により人工と推察されたことも注目すべき成果であった。また、大善寺行者堂跡、蓮華寺奥の院の伝承地にも、はじめて考古学的調査が試みられ、相応の結果が得られたのである。

富士の信仰を考古学的方法で調査する動きは、駿河側で例えば富士山本宮浅間大社、山宮浅間神社、村山浅間神社・大日堂などにおいて試みられてきた。甲斐側の吉田口登拝道の発掘、2合目の御宮浅間神社とその周辺地の発掘、そして石室（5〜6合目）の確認調査は、赤色立体地図を有効に活用した悉皆調査に立脚して実施されたものであり、富士山の考古学的調査の必要性を具体的に示すことになったのである。

山の考古学については、シンポジウムも相次いで開催されている。なかでも北陸中世考古学研究会の「中世北陸の山岳信仰」、三河山寺研究会、三河考古学談話会の「三遠の山寺」は注目された。前者は福井、石川、富山、新潟各県の、後者は愛知、静岡両県の調査現状が報告され、これらの県に多くの山の寺が存在することを考古学の立場から実証した成果が公にされた。同様な企ては、北九州、四

図 53　山宮浅間神社（遥拝所）から見た富士山

図 54　人穴富士講遺跡碑塔群（人穴浅間神社境内）

図55　五合目の旧道沿いで発見された石碑

図56　富士講の石碑

図57　富士講の石碑が発見された様子

国、畿内でも試みられ、山の寺の存在がクローズアップされてきた。

山の考古学は、山の信仰の諸様相を具体的に明らかにしつつあると言えよう。

17. 地震考古学

地震考古学についての私なりの初見は、中国の何国涛ほかの『地震与地震考古』(1977年9月)であった。同時に重慶市博物館の研究者ほか『水文、沙漠、火山考古』(1977年7月)が知見に入り、中国においては「古為今用」の視点から考古学と自然科学との共同研究が多岐にわたって実施されている。

わが国においては、萩原尊禮を中心とする「古地震研究会」が歴史資(史)料の検討から活断層の研究を地震予知研究の一環として進められ、『古地震』(1983)、『続古地震』(1989)として発表された。

考古学関係の発掘資料が積極的にとり入れられ地震考古学の視点で調査と研究が着手されたのは1980年代の後半のことであった。活断層の研究をテーマとしていた寒川旭と考古学研究者との出会い、交流、そして共同研究の実施は、「過去の地震を実証的に解明しながら、人々の歴史の中に位置づけ、将来の研究に役立てる」(寒川 1992・2007)ことを目標に伸展していった。

遺跡の発掘において地震跡の検出は全国的に確認されるようになっていった。液状化現象による噴砂の砂脈の存在はその顕著なもので地割れの痕跡としてみることができる。それは、山崩れによる堆積層、泥流の認識ともども、遺跡に残された地震の痕跡であった。

地震国の日本には、古代以降、地震に関する知見の史料が残されている。それは正史から伝承にいたるまで各地に地震の発生を物語る記録となって伝えられている。地域と時代により発掘された遺跡における地震跡の歴史的位置づけを文献史料とともに検討することが必要であり、活断層の動きの状況を考古学の資料によって明らかにすることができる。

そこで遺構の発掘から推定される地震の痕跡を探ってみよう。

積年にわたる武蔵国分僧寺跡の発掘結果は、地震と大規模建築物を考える一つの事例となった。

武蔵国分寺は、8世紀の中頃（758年前後）の建立が想定されるが、9世紀に入って2回にわたる大地震に際会している。1は、818（弘仁9）年、2は、878（元慶2）年の大地震である。

818年の地震については、『類聚國史』（菅原道真の編で正史『六国史』により編集）に「弘仁9年7月、相模・武蔵・下総・常陸・上野・下野等に地震があり、山が崩れ谷が埋り死者の数は計りきれない」との記載があり、続いて翌8月には諸国の被害状況を調査している。この弘仁の地震の結果によると推定される痕跡が群馬県赤城山の南麓、埼玉県北部の低地で検出されている。前者の山崩れ堆積物・地割れの痕跡・泥流の痕跡、後者の液状化の痕跡であり、現在のところ埼玉県の南部から東京にかけては顕著の痕跡は見出されていない。したがって、弘仁大地震は、武蔵国分寺に大きな被害をあたえなかったと思われる。それに対し、878（元慶2）年の地震は、関東でも、とくに相模・武蔵に大きな被害を生じさせている。『日本三代實録』には、元慶2年9月29日「関東諸国に地震があり、相模と武蔵がとくに被害が多く、5〜6 日の間、震動が止まなかった。公私の屋舎一つとして全きものなく、土地は陥没して官道も不通になった。死者の数はきわめて多い」と記載されている。ついで、10 月には、「相模国分寺の薬師丈六像 1 体と脇侍菩薩像 2 体が破壊したので新造したい。また、国分尼寺が大破したので、移転前の尼寺にもどしたい」との記載があり、相模国分僧寺と尼寺の被害は甚大であった。

元慶の地震は、公私の建物はすべて損害をうけたことが記されている。相模国は、逸早く国分二寺の被害を伝達している。一方、武蔵はどうであったろうか。正史はなにも伝えていない。しかし、武蔵国分寺講堂跡の発掘の結果は、講堂が再建されたことを明らかにした。

創建講堂は、桁行 5 間（東西約 28.5 m）梁行 4 間（南北約 16.6 m）で南北に廂をもつ切妻造屋根の建物であったが、再建時には、桁行 7 間（東西約 36.2 m）、梁行 4 間（南北約 16.6 m）の四面廂、屋根は入母屋（または寄棟）造の建物となった。基壇は、創建・再建ともに瓦積外装であり、創建時の規模は東西約 34.4 m、南北約 22.6 m、再建時規模は東西約 42.2 m、南北約 22.6 m である。再建の時期は、基壇外装の瓦積に使用されている瓦及び再建時の基壇版築層の出土瓦の観察によって 9 世紀の中頃を上限とすることができるであろう。瓦の年代観は、塔①の再建時が、845（承和 12）年以降とされていることから、講堂再建の時期もほぼその頃と考えられる。

武蔵国分寺の歴史は、8 世紀中頃の創建、ついで 9 世紀の後半に伽藍全体の修築が実施されたことが想定されている。すでに発掘された塔・金堂・中門・鏡楼跡にその痕跡を窺うことができる。これらの堂塔のなかで注目されているのは塔①、塔②の存在である。創建時の塔①が、845 年以降に同一場所で再建されたことが確認されているが、その西方約 55 m に塔②が新たに確認されたからである。塔①は一辺約 9.8 m、基壇一辺は 17.7 m 四方で外装は河原石化粧であるのに対し、塔②は一辺約 11.2 m の正方形掘り込みが認められた。塔①からは、創建、再建時の瓦が出土しているが、塔②は、礎石なく出土瓦もごく僅かであり建立されたとは考えられない。ただ、塔②の付近から「造塔」（逆字）の瓦が出土している。なぜ、塔②は掘り込み部分の完成のみで建立が放棄されたのか。武蔵国分寺の謎として問題が提起されている。この問題に対して一つの憶測を記すと次のようになろうか。

武蔵国分寺の伽藍は、8 世紀の中頃に完成の域に達し、国分寺として機能していたが、塔①が 835（承和 2）年に神火により大破したため、845（承和 12）年以降に西方に塔②を再建する計画がたてられ、掘り込み地業の作業に着手した。ほぼ地下部分が完成した頃、元慶の地震（878 年）が発生、主要堂宇が大きな被害を受けたため、伽藍全体の修築と整備を行う計画が先行された。その結果、小破の金堂・中門・鐘楼などは修復、大破の講堂と中門は建て直し、東西に延びる回廊は一部修築して建て直し、講堂北方の台地中腹には一堂宇を新築、それらの計画実施のため、経済的関係から回禄中破の塔①を改修して再建することにし、塔②の建設を断念。塔再建用の瓦として新久・八坂前瓦窯（埼玉県入間市）などで生産されていた瓦塼が、塔①の再建をはじめ諸堂宇の改修に使用された。

図 58　武蔵国分寺跡（東京都国分寺）講堂跡
（上：発掘の状況　下：創建時の瓦による再建の基壇）

図59　武蔵国分寺跡出土瓦（左：創建時の瓦、右：再建時の瓦）

ただ、塔再建の年代（845年以降）と元慶地震（878年）の発生には30年以上の隔たりがあるのが問題であるとの意見もあろう。しかし、再建塔（塔①）の出土瓦は、請願者個人を超えて多くの郡の名入りの瓦が同一の窯で焼成がなされており、半ば公の協力によって、塔の再建が実現したと考えられる。

『続日本後紀』承和12（845）年に見える壬生吉志福正（前男衾大領）の塔再建の請願は、請願者を越えた半ば公的な協力体制を得たものと考えられてきた。その企画の策定、計画の実施は、短期間のものではなく、かなりの時間を要したことが推察され、その途上において元慶の地震が発生したと考えられる。塔①出土の再建時瓦の年代は、845年よりかなり下降した頃に比定する方がより蓋然性が高くなる。

武蔵国分寺伽藍の大修築を余儀なくさせた要因は、元慶の地震を措いては見られないであろう。

元慶地震は、武蔵国府の北西にある立川断層か、相模の国府に近い伊勢原断層か、いずれかであろうとされてきた。立川断層は、過去16,000年間に約5,000年の間隔で3回の地震（M 7.1位）を発生させてきたと推定されてきたが、近年、伊勢原断層のボーリング調査による地層調査の結果、「5,000年以上もの休止期」の後に元慶の地震（M 7以上）を発生させたことが明らかにされたと言う。

伊勢原断層に近い相模においては、国分寺の薬師丈六仏と脇侍菩薩（2体）が顚倒破壊、尼寺は大破崩壊して使用不可能（旧尼寺は無事）と記載されているが、武蔵についての記載は認められない。ただ、東北約30 kmの武蔵国分寺・国府における影響は少なくなかったはずである。「公私の屋舎一つとして全きものなし」の記述は、それを物語っていると推定される。したがって、元慶地震は、伊勢原断層よりも立川断層が動いた結果、と考えた方がより蓋然性が高い。

発掘された資料による武蔵国分寺の9世紀後半の大修築の背景には元慶の地震の発生を考慮することも必要ではあるまいか。

補注

（1）日本における山岳信仰の研究は、宗教史・文献史学・民俗学・国文学など多くの分野にわたって積みあげられて膨大であるが、考古学の分野においては、大場磐雄による神道考古学の業歴が知られている。以下、ここで触れるのは「歴史時代」の考古学分野の展望の一つとして、私なりの回顧にすぎない。

（2）大場磐雄『祭祀遺跡―神道考古学の基礎的研究―』（1970）、『神道考古学論攷』（1943）は、その総括的な著作であり大場編『神道考古学講座』6 巻（1972〜1981）には、大場の主張が収められている。

（3）東北・関東・中四国・九州などにおける活発な研究は、各地で山の考古学のシンポジウムが開催されていることによって知ることができるが、逐一については省略した。

（4）以下、山岳信仰遺跡について概括的に述べる。時代性については、あえて捉われることなく概観することにしたい。

（5）坂詰秀一「初期伽藍の類型認識と伽藍構成における僧地の問題」『立正大学文学部論叢』63、1979。

（6）坂詰秀一「阿蘭若処を伴う伽藍」『日本仏教史学』14、1979。

（7）三島ケ嶽経塚について真正面から取り組んだのは、三宅敏之である。三宅は、1959 年 3 月の歴史考古学研究会の例会で発表して以来、「富士山における一切経の埋納供養について」（『歴史考古』 4 、1961）、「富士曼荼羅と仏典埋納」（山岳宗教史研究叢書 14『修験道の美術・芸能・文学』 I 、1980）において総括した。

（8）勝又直人「三島ケ嶽経塚小考―富士山本宮浅間大社所蔵写真資料から―」『研究紀要』17、2011、静岡県埋蔵文化財研究所。

第3章　古代―国家の黎明―

1．出土した文字資料①―木簡―

ここ数年来、万葉集を墨書した木簡の発見が相次いでいる。難波宮跡（大阪）から万葉仮名文が書かれた木簡（長さ18.5 cm、幅約2.7 cm、厚さ5〜6 mm）の出土が発表された。片面に「皮留久佐乃皮斯米之刀斯□」（「はるくさのはじめのとし」）と11の文字が墨書されていた。「はるくさ」は「春草」で万葉集の枕詞として使われており、五七調の韻文で和歌の一部と考えられる。この木簡の年代は、出土層の認識と伴出土器の観察によって前期難波宮（652年完成）の直前頃と判断された。

万葉集は、慶雲年間（704〜708）から養老（717〜724）末頃にかけて成立した説が有力であり、このたびの万葉仮名文が652年以前とすれば、現在、最古の事例となる。

また、紫香楽宮（聖武天皇造営、742〜745年）跡とされてきた宮町遺跡（滋賀県甲賀市）の溝中からは1997年に発掘された木簡に万葉集の「安積（香）山の歌」が墨書されていたことが判明した。木簡は、二つに割れて出土し、上の部分は長さ7.9 cm、下の部分は長さ14 cm、幅はともに2.2 cm、厚さ1 mmで、元の長さは約60 cmと推定されている。

木簡の一面（A）に一音一字ノ万葉仮名で、上部に「阿佐可夜」、下部に「流夜真」、反対面（B）の上部に「奈迩波ツ尓」、下部に「夜己能波」「由己」と墨書されていた。（A）は、万葉集巻16の「安積香山影さへ見ゆる山の井の浅き心を我が思はなくに」、（B）は、古今和歌集の「難波津に咲くやこの花冬ごもり今は春べと咲くやこの花」の一部であり、この二首の組み合わせは紀貫之（古今和歌集の仮名序、905年）によって「歌の父母」のような一対で、初心者の手習いの歌と紹介されていた。万葉集巻16は750年前後の成立と考えられ、木簡の年代は740年代の中頃に遺棄された可能性が高いことから、古今和歌集から150年も前から一対二首が考えられていたことが知られた。万葉集の「歌木簡」として貴重な出土例となった。

石神遺跡（奈良県明日香村）出土の木簡にも万葉歌が刻まれていることが判明した。この木簡は、2003年に奈良文化財研究所が発掘したもので7世紀の後半と推定され、形は羽子板状（長さ9.1 cm、幅5.5 cm、厚さ0.6 cm）を呈し、万葉仮名で左側に「阿佐奈伎尓伎也」、右側に「留之良奈你麻久」と2行にそれぞれ7字が記されていた。

調査した森岡隆筑波大准教授によれば、巻七収録の「朝なぎに来寄る白波見まく欲り我はすれども風こそ寄せね」（作者不明）の上の句に当たり、白波を之良奈你（你は弥の間違い）とするなど記載に若干の誤りはあるが、己卯（679）年と記載された付近出土の木簡により7世紀後半のものと判断された。現在、万葉歌木簡の最古例とされている紫香楽宮跡・室町遺跡（滋賀県甲賀市）から出土した8世紀中頃の例よりさかのぼる。

また、万葉歌木簡が馬場南遺跡（京都府木津川市）の川跡から出土した。現存部は縦23.4 cm、横 2.4 cm、厚さ約 1 cmを有する。片面に「阿支波支乃之多波毛美智」と万葉仮名で 11 字が墨書されていた。巻十に収録されている作者不明の冒頭部分である。周辺から緑釉・三彩陶器、仏像の台座の破片と推定される遺物も出土し、8 世紀後半頃のものと考えられている。

木簡には万葉歌ばかりではなく、いろいろな記録が残されている。

藤原宮北東の門（山部門）付近の溝から出土した荷札木簡に「右大殿荷八」と書かれていたことが話題となった。右大殿は、同溝出土の木簡（和銅元年の年号入り）との検討から藤原不比等（659 ～ 720）を示す可能性が高く藤原京の不比等邸宅の位置が推定される史料として注目される。

但馬国の国府跡と考えられている祢布ケ森遺跡（兵庫県豊岡市）出土の木簡 203 点の中には、中国最古の詩集とされる『詩経』の注釈書である『毛詩正義』の一部が書かれたものが見出された。この木簡（長さ 39.5 cm、幅 10.9 cm、厚さ約 0.7 cm）には「凄寒風也

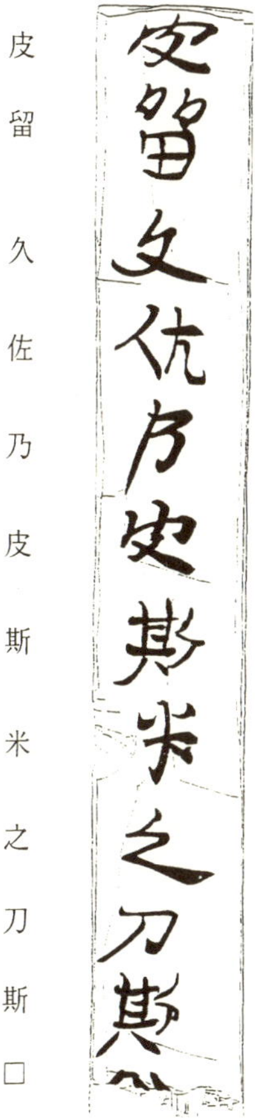

図 60　大阪府難波宮跡から出土した万葉仮名木簡

谷風曰東風健児《こんでい》長」などと墨書され、健児の練習用かと考えられる。木簡の年代について豊岡市教育委員会は、9世紀の前半と発表し、ほかに掛け算練習の木簡の出土も認められたという。

「申外西門籍□多治比」と墨書された木簡（縦17.7 cm、横2.5 cm、厚さ0.5 cm）が、紫香楽宮跡（宮町遺跡、滋賀県甲賀市）から出土した。「朝堂」跡の北東約150 mの地から発掘された19点の木簡の一つで、「外西門」通行の門籍木簡である。この木簡の出土により西方に外門と内門を有した整備された都城としての紫香楽宮の状態が想定されることになった。西大寺（奈良県奈良市）の食堂院跡から食物関係の記載のある木簡（正暦2年＝991）の出土が発表されている。

花岡木崎遺跡（熊本県芦北町）の井戸底からは「佐色」「向路次驛」と墨書された木簡が出土した。木簡は出土した土器の年代から8世紀末～9世紀初頭と考えられ『延喜式』に見える「佐敷駅」に比定することができる。木簡は縦15～18 cm、横3.5～4.0 cmの二片となっているが、本来は一つのもので「佐色に出発」を意味する命令木簡であった。

薩摩遺跡（奈良県高取町）から池の完成式に関する木簡が出土した。縦21.5 cm、横4.1 cmの両面墨書の木簡で、土木技術をもった有力な農民であったと推定される「波多里長の檜前村主」が「此の池を造った」ことが記されている。発掘された池跡は、谷幅40 mを堤でせきとめた南北約90 m以上のもので深さは約1 m、木樋の一部が出土した。付近から承和昌宝（835年鋳造）が3枚発掘されており、8世紀末～9世紀前半頃に造られた農業用のため池の完成のときに使われたものであった。

その他にも、道上遺跡（岩手県奥州市）から「字」が書かれた「禁制木簡」の出土が確認された。長さ46 cm、太さ約4 cmの円形の木杭に6行40以上の文字が墨書されていた。この杭は、平安時代中期に低湿地に構築された杭列の1本で、文字の天を下に地を上にした状態で出土した。

「禁制田参段之事　字垂楊池」などとの墨書があり、字垂楊池の側にある3段の田に関する禁止事項が記されている。こうした禁制木簡は袴狭遺跡（兵庫県出石町）についで2遺跡3例目の出土で、「字」と記された古代の木簡は初めての出土例である。この木簡は、「公子廣守丸」が寄進した田に立てられたもので、10世紀における東北地方の区画整理の実情を示した史料として重要。

平城宮跡（奈良県奈良市）の第二次朝堂院跡の東方から大量の木簡が出土した。東西約10 m、南北約7 m、深さ最大1 mの楕円形の穴の中に一括して捨てられたもので「宝亀2（771）年」、「近衛」「兵衛」「左衛士」など宮中警護に関係する役所名、「高橋」「阿倍」などの人名が書かれたものを含む3万5千点以上が発掘された。この出土木簡の調査は数年かかる、とされているが、整理・解説の結果が楽しみである。

日本各地から発掘される古代木簡の研究が進んでいる。国立歴史民俗博物館の平川南館長は、木簡に多くの稲の品種が記されていることに着目し、9～10世紀（平安時代）に品種改良が行われていたと発表して注目された。稲の品種改良は従来、鎌倉～室町時代頃か、と考えられてきていたので、出土木簡の研究の意義が改めて話題となった。

日本古代史の研究に木簡が果たした意義は計り知れないが、韓国においても1975年に慶州の雁鴨池跡から出土して以来、木簡に対する関心が高まり、6世紀の新羅木簡も出土し（城山山城）、2007年1月には韓国木簡学会が発足した。日本の木簡研究にとって韓国木簡の研究は重要であり、日韓木簡の対比研究によって新しい古代史像が構築されることになろう。

正倉院に伝世（一度も土中に埋没することなく伝えられているモノ）している遺物や出土遺物の一つである木簡の研究などによって新たな知見が示されている歴史考古学の分野は、日本の歴史学界に確実な市民権があたえられてきた。

2．出土した文字資料②―墨書土器・経石ほか―

遺跡から発見されるさまざまな遺物には、木簡以外にも、たくさんの文字や絵などが記されている。

山持遺跡（島根県）は、弥生時代から江戸時代にいたる集落遺跡で、国道のバイパス改築事業に伴い奈良～平安時代の道路状遺構とその周辺から板絵を含む多くの遺物が出土した。

板絵は、道路脇の沼状窪地から4点出土した。4点すべてに人物像が描かれているが、髷を結った唐風の服装の女性全身像の2号板は、長さ65.5 cm、幅8.5 cm、厚さ1.4 cm、吉祥天かと考えられている4号板は、長さ46 cm、幅8 cm、厚さ0.5 cmである。1、3号板絵にも人物と思われる像が描かれているが、とくに、2号板絵の唐風女性と4号板絵の吉祥天は、奈良～平安時代の服装史及び仏教史の資料として重要である。

吉祥天と思われる絵の発見は「畿内および七道の諸国は7日の間、それぞれの国分寺で吉祥天を本尊として罪過を懺悔する法会を行え」という神護景雲元年（767）の称徳天皇の勅との関係で注目される。

吉祥天を祀って天下泰平、五穀豊穣を祈願する法会が東大寺法華堂（塑像）や薬師寺（麻布着色画像）で行われていたことが推察されていたが、地方でも同様であったことが山持遺跡出土の板絵によって推測されるにいたった。板絵と伴出した墨書土器には「国益」「益」「西家」「華？」などの文字が見られ、山持遺跡の東北方に位置する青木遺跡（多量の墨書土器と木簡出土）とともに至近地に「役所」「祭祀場」の存在が考えられている。

一町西遺跡（奈良県橿原市）からは、動物を描いた板絵4枚が発掘された。4枚中の3枚は完形同大（縦約11 cm、横約34 cm）でヒノキ板を使用し、左から馬・牛・牛（か羊）・犬（か羊）・鶏が描かれていた。この板絵とともに呪符が記された人形（復元長約77 cm）の木製品なども11世紀後半～12世紀中頃の溝の底から出土した。5匹の動物が描かれた板は、厄払いか農耕儀礼に際して用いられたものと考えられている。馬・牛・犬・鶏形の祭具、等身大の人形が貴族の厄払い儀式に用いられていたことが当時の日記（平親信『親信卿記』）に記されており、このたびの橿原考古学研究所の発掘は、関係学界に注目されている。

将棋の駒形の石板（縦約23 cm、横約16 cm、厚さ約3 cm、重さ約2.7 kg、上部に径約1 cmの穴）に「餝磨郡因達／郷秦益人石」、片面に「此石者人□石在」と刻まれた遺物も確認されている。石板は1963年頃に山口県小郡町（現山口市）で出土し、現在は小郡文化資料館（山口県）に展示されていたが、坂江渉・神戸大講師を中心とする研究チームの調査の結果、8世紀中頃のものと発表された。「餝（飾）磨」（現姫路市）、「秦益人」（渡来系氏族・秦氏）の地名と人名、さらに天平12（740）年以降に使用される「郷」が記載されていることから、奈良時代中期に飾磨の秦益人が大規模工事（河川改修など）のため周防に赴いた際に携行したものと考えられている。このような石板が確認されたのは初めてである。

赤田Ⅰ遺跡（富山県射水市）からは9世紀後半の皿形土師器（直径13.1 cm、高さ2.4 cm）の底に草仮名17字が墨書されていることが判明した。草仮名は、万葉仮名から平仮名へ移行する短期間（9世紀～10世紀初頭）に使用された文字で、多賀城遺跡（宮城県多賀城市）出土の漆紙仮名文書に見られたが、土器に墨書された例は初見である。17の文字には「ささつき」（酒杯）、「なには」（手習い歌「難波津歌」の書きだし）のほか意味不明の和歌に使う助詞などが見られる。

草仮名墨書土器が出土した場所は奈良時代後半から平安時代にかけての1号溝（幅5.5～12.8 m、最深1.5 m）の中で、緑釉陶器なども出土している。調査した射水市教育委員会では、溝が「曲水の宴」が行われた場と推定し「宴会で歌を詠む際の練習用に書き留めた」ものと解釈している。

紫香楽宮跡の宮町遺跡（滋賀県甲賀市）では2004年に発掘された須恵器の皿に万葉仮名で「乃古」「伊毛」と墨書されていることが確認された。同遺跡からは1997年に万葉集の「安積（香）山の歌」が書かれた歌木簡が出土している。乃古は「おのこ（男）」下二文字、伊毛は「いも（妹）」で男女を表しており、和歌の手習いであったらしい。歌木簡に続いて土器にも万葉仮名が認められた事は、8世紀の中頃に万葉集が同地で盛んに読まれていたことを示している。

白河上皇の御所跡とされている堀河院跡（京都府中京区）の庭園の池跡から平安時代後期の素焼きのさいころ（一辺1.6 cmの立方体）が出土した。上皇の意のままにならなかった「すごろくのさい」が御所跡から出土したことは興味深いと話題になった。

国の史跡になった牛頸須恵器窯跡群（福岡県大野城市）は、奈良時代から平安時代の前半にわたって操業し、九州全域に生産品を供給していた大規模な生産遺跡である。そこで出土した「調大甀一隻和銅六年」と箆書きされた須恵器の甕は、「延喜式」に須恵器の貢納国の一つとして筑前国が記されており、注目される。

3．古代寺院の発掘

古代寺院についても考古学資料がさまざまなことを明らかにしている。

7世紀後半に創建された山王廃寺跡（群馬県前橋市）の発掘調査が進んでいる。以前、地下式の塔心礎と石製の根巻石、石製の鴟尾、塑像、緑釉陶器などの出土により、古代東国有数の寺跡として知られてきたが、前橋市教育委員会の5カ年計画（2006年～）の調査により次第に明らかにされつつある。

第3次調査の結果、塔跡基壇（一辺13.7 m）の周囲に約3 mの白色粘土が敷かれ、基壇寄りには約 1.4 m の玉石が配されていたことが明らかにされた。塔跡からはかつて三千点以上の塑像片が出土しており、塔初層の状態を彷彿とさせる貴重な資料として注目されている。同寺は法起寺式の伽藍配置として建立されたが、金堂跡北方に南北 7 m を有する東西に長い建物跡の存在が推察され、未確認の回廊跡ともども今後の発掘が期待される。

高麗（狛）氏の氏寺とされている高麗寺跡（京都府木津川市）では講堂跡が発掘され、基壇が三重構造であることが判明した。同寺は 7 世紀初頭に創建、中頃に伽藍の整備がされた法起寺式の配置を有している。発掘された講堂基壇は、地表面から約 75 cmあり外装が施され、同寺跡ですでに発掘された金堂・塔の基壇と比較して立派な造りであった。古代寺院の基壇は一重構造が多く二重構造の基壇は飛鳥寺・法隆寺金堂ぐらいで、三重構造は珍しく、発掘された講堂は中金堂ではないか、との意見が提出され、古代伽藍の研究に一石を投じた。

天智天皇の発願によって建立されたと伝えられる石光寺の旧境内（奈良県葛城市）から 7 世紀後半の塔跡（一辺推定 8 m）が発掘された。付近から白鳳時代の瓦が出土し、創建時の基壇と考えられる。北方にはすでに発掘された金堂跡があり、不明であった創建時代の伽藍配置が明らかにされると期待されている。

聖徳太子建立と伝えられる中宮寺（奈良県斑鳩町）の創建時代の旧地は、現中宮寺の東方約550 m に存在し、南北165 m、東西130 m の寺域と塔・金堂を南北に配した伽藍であったことが明らかにされている。斑鳩町教育委員会は、金堂跡の発掘を実施し、東西 17.2 m

（5間）、南北14.6 m（4間）の規模であったことを確認した。この大きさは創建・再建・改修にあたっても変わることがなかったが、基壇は、創建時は切り石、再建寺に瓦積み、改修時は盛り土と変遷していることが知られ、16世紀の中頃（天文年間：1532～1554年）に現在地に移る以前の中宮寺の実態を示すものとして注目された。

百済王一族により8世紀の後半に創建されたとされる百済寺跡（大阪府枚方市）から、大型多尊塼仏が出土した。一辺50 cmの方形塼仏、阿弥陀如来座像（胸・腕部）、脇菩薩立像（脚部など）が表現され、金箔が施されたものである。大型多尊塼は、7世紀の後半に寺院堂内の壁面装飾として用いられていたが、8世紀の遺例は珍しく下限資料として注目される。

百済寺跡（大阪府枚方市）ではまた「修理院」工房跡も発掘されている。寺院跡の北東部、同寺の築地の内側から2.4 m四方の穴が検出され、付近から鋳造施設の溶解炉粘土塊、土製送風管の断片、青銅・鉄の滓などが出土した。古代寺院の修理所の実態を示す稀な資料である。

東大寺（奈良県奈良市）を建立し、諸国に国分僧尼寺を造立した聖武天皇（701～756、在位724～749）の病気平癒を祈願して、光明皇后（701～760）は新薬師寺を建立したとされる。

新薬師寺（「新」は霊験あらたかの意）の創建伽藍の位置については、古来「南都寺院の謎」とされてきた。東大寺山堺四至図（正倉院宝物）の東大寺南域外に「新薬師寺堂」が画かれ、現新薬師寺本堂とその西方（現奈良教育大近辺）から奈良時代の古瓦が出土することは知られていたが、伽藍跡については明らかでなかった。

その新薬師寺の金堂跡（奈良県高畑町）が、現新薬師寺西方約150 mの奈良教育大の構内で発掘された。建物の基壇は東西54 m、南北27 mを有し、柱間は東西11間、南北6間と推定されるという。基壇は凝灰岩の切石を用いた壇上積、礎石の地固めは一辺2.7～2.9 mの方形、周囲から東大寺と同様式の瓦が多量に出土した。発掘された場所は四至図に画かれた地にあたる。建物の規模は、現東大寺の大仏殿（江戸時代1709年再建、東西57 m、南北50.5 m、高さ46.4 m）に次ぐ巨大な遺構の一部であった。大学は遺構の保存を決定した。

同寺ではまた、中門が存在しなかった可能性も指摘された。金堂跡の南方に10世紀の溝跡が発掘されたが、中門・廻廊の痕跡はなく、8世紀の伽藍として異例の配置であった。東大寺山堺四至図（正倉院宝物）には「新薬師寺堂」と記された単独の建物のみが描かれている。特異な伽藍配置か、後世に中門の基壇が削平されたか、また、未完成伽藍であったか論議されている。

さらに発掘調査では東西約59 m、正面に約52 mの階段が付設されていたことも新たに判明した。建物の正面のほぼ全面に階段を設けている珍しい建物であったことが注目されている。

万葉「歌木簡」の出土で注目された馬場南遺跡（京都府木津川市）では、8世紀の寺院跡が発見された。平城京の北東約5 kmに位置し、仏堂（東西約5 m、南北約4.5 m）と礼堂（東西約8 m、南北約4 m）が発掘された。仏堂は瓦葺礎石建物と考えられ、内部に須弥壇（東西約4 m、南北約3.6 m、高さ0.3 m）を設け、奈良三彩の須弥山を中心に、周囲には塑像（土製の仏像）を配していたこと

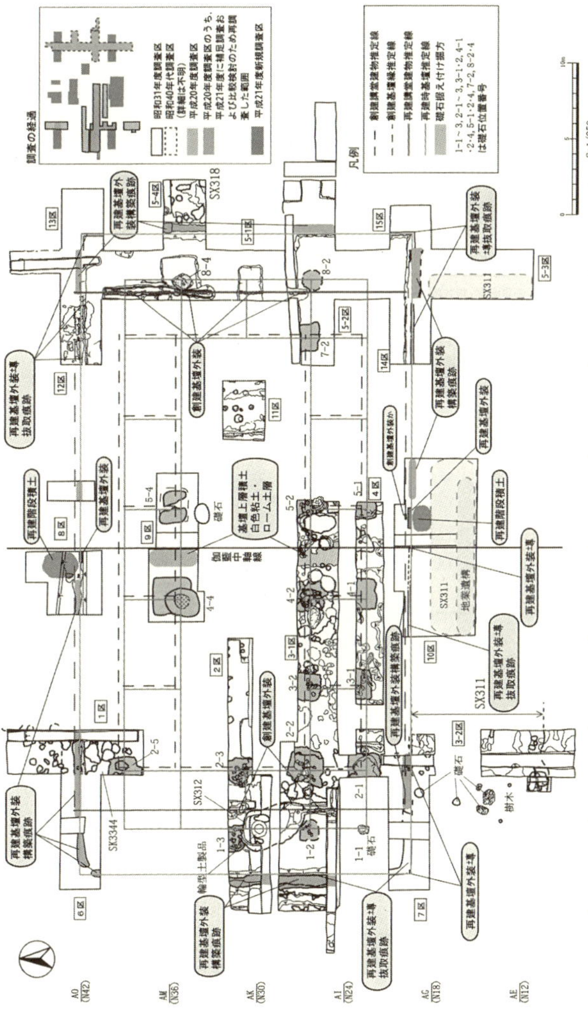

図61　武蔵国分寺講堂地区全体概略図

が出土片により推定された。仏堂南方の礼堂は、仏堂より低い場所にあり掘立柱の建物だった。

周辺からは香炉や皿などが出土し、皿の破片には「神雄寺」「大殿」の墨書があり、また、多量の灯明皿（8千枚）発掘された。寺の名は文献に見当たらないが、墨書の神雄寺であった可能性が高い。

日本の古代寺院において須弥山を塔婆の初層に設置している例は知られているが、仏堂の須弥壇上に礼拝の主対象として安置し、四周に四天王像を配しているのは稀であり、仏教の寺院であれば、建立者をめぐる問題ともども今後の研究に一石を投じたものと言えよう。

国分寺跡の調査は、各地で行われているが、全国一の規模をもつとされている武蔵国分寺跡（東京都国分寺市）の発掘が国分寺市教育委員会によって進んでいる。すでに尼寺跡は史跡公園として整備されたが、その東方に位置している僧寺跡も整備計画のもとに発掘調査中である。南門跡と中門跡の発掘は終了したが、すでに発掘された塔①跡の四方約 50 m に新たに塔②跡が発掘された。塔①の基壇は一辺約 17.7 m の乱石積み、塔②もほぼ同規模と推定されたため、①と②の関係をめぐって問題が提起された。塔は、835（承和 2 ）年に焼失、845（承和 12）年以降に再建されたことが『続日本紀』に記載されている。焼失塔と再建塔の位置が同じであることが発掘によって確認されているので塔②をいかに解釈すべきか、伽藍跡の整備を行うために検討が必要となった。

塔①跡は、発掘の結果、創建の瓦が礎石の下から出土し、再建の瓦が周囲から大量に発掘されたが、塔②跡は、基礎部の造成のみで礎石がなく瓦の出土も認められず建立されていないことが明らかにされた。また、塔②跡の造成土のなかに平安時代の須恵器破片が混入していたことから基礎の造成時期が推定された。この結果、創建・再建の塔（塔①）が、878（元慶2）年の元慶の地震によって倒壊したため、場所を西方に求めて三たび塔の建立を企てたが、当時の政治的・経済的事情によって作業途中で断念されたのが塔②跡となって残されたのであろうか。

元慶の大地震は、他の堂も大きな被害を受けたと推測され、たとえば、講堂跡の発掘にもそれが反映されているかのようである。創建時は東西約28.8 m（5間）南北約16.8 m（4間）、南北に庇のある二面庇の建物で、基壇は創建期の瓦を使用した瓦積み。再建時は東西約36.6 m（7間）、南北約16.8 m（4間）となり、金堂と同規模となったことが判明した。基壇の大きさも創建期より再建期の方が大きくなっている。このように武蔵国分寺跡の発掘は、遺構のあり方を文献史料と対比させながら進められている。

塩津港遺跡（滋賀県西浅井町）の神社跡から木製の座像が5体出土した。男神2体、女神3体の神像と考えられる約10〜15 cmのもので、男神は衣冠束帯の正装で腕組み、女神は長い髪を真ん中で分けている。神像は青木遺跡（島根県出雲市）で1体出土しているが、5体発掘は初例である。神社跡は周囲に塀をめぐらした約50 m四方の範囲で、塀の中から建物部材、木製華鬘などと一緒に発掘された。年代は12世紀の後半からと考えられている。

金峰山修験本宗の総本山として知られる金峯山寺（奈良県吉野町）の蔵王堂付近から11〜12世紀の瓦が大量に発掘された。現在の蔵王堂は室町時代の末期に再建されたもので、創建は寺伝によれば平安時代と伝えられている。防災施設の工事により蔵王堂の西南側から出土した瓦の調査によって金峯山寺の歴史が明らかにされると期待されている。

金貝遺跡（滋賀県東近江市）で平安時代前期（9～10 世紀）の「三間社流れ造り」形式（正面に柱が 4 本）の本殿（間口約 6 m、奥行き約 7 m、推定高さ約 8 m）跡が発掘された。掘立柱建物の発見は、流れ造り建物の上限と神社建築の起源問題の究明に一石を投じることになった。

熊野本宮大社の旧社地・大斎原（和歌山県田辺市）から江戸時代の石積み護岸が発掘された。熊野川河川改修工事に伴う調査で護岸の石積み、上・下 2 層が確認され、上面には江戸時代後期の遺跡面が残されていることが判明した。また旧大社本殿の正面の護岸は高さ 4 m、幅 10 m であり、石段（20 段、幅 1.8 m）の調査も実施された。熊野信仰の一拠点のあり方が明らかにされつつある。

4．古代の道

8 世紀の前半、五八国三島が七道（東海・東山・北陸・山陰・山陽・南海・西海）に区画された。それに伴って駅路が整備され、平城京と各地の国府を結ぶ幹線道路が敷設されたと想定される。駅路には駅が置かれ、それぞれの駅には定められた駅馬が常置された。

国と国を結ぶ駅路は、最短距離で結ばれ、中央国家の施政は速やかに各地に伝達される仕組みが形成されていたようである。

中央集権国家にとって、駅制の整備は不可欠のものであり、駅路は大路・中路・小路の三等級に分かれていた。平城京と大宰府を連結する山陽道と西海道の一部が大路、東海道と東山道が中路、その他の諸道は小路と規定されていた。駅家には、大路に20疋、中路に10疋、小路に5疋の駅馬がそれぞれ常備されていた。

このように定められた官道は、国衙と郡庁を結ぶ伝路ともども、駅制・伝馬制として中央集権国家の中枢的存在として機能していた。駅制の研究は、すでに坂本太郎（坂本 1928・1989）田名網宏（田名網 1969）をはじめとする文献史学、藤岡謙二郎などによる歴史地理学（藤岡 1978・1979）による研究が深められてきていたが、それの実体は机上的な方向が支配的であった。駅路を発掘することによって「路の状態」を具体的に把握する方法がごく近年まで認められていなかったのである。駅路の道幅は「せいぜい2〜3 m」とするまったくの推定がそのまま容認されてきていたのであった。

近年、各地で考古学的な発掘調査が実施されるようになり、その結果として古代の道路遺跡の検出も見られるようになってきた。それは、東海道、東山道、山陽道、西海道そして北陸道などにおいて相次いで道路遺構が発掘され、古代官道の実態が明らかにされるようになってきたからである。

外交の拠点であった九州の太宰府と都を結ぶ山陽道は大路。畿内と東国とを結ぶ東海、東山の両道は中路であった。各地の駅に「駅館院」という宿泊施設がつくられたが、山陽道の場合は四面に垣が設けられ、瓦葺き白壁丹塗りの柱をもつ建物で、外国の使節を迎える施設にも利用された。

こうして律令政府が設けた道路を総称して「官道」と呼ぶ。それについての研究は、文献の精緻な分析、官道の跡と推定される遺跡の実地調査、地名の考証による道と駅の所在地の推定などが試みられてきた。だが、道幅については一貫して「1m程」であるとされてきた。

これまでの研究を振り返ってみる。奈良盆地における古代道の調査が進み、直線道路の存在が明らかにされ、1970年代、地形と地表に見える道の痕跡を観察する調査が全国的に試みられた。1980年代以降は、山陽道布勢駅跡（小犬丸遺跡、兵庫県たつの市）、東海道跡などの発掘も意識的に行われるようになった。その結果、各道の道幅は12 mを基本とし、また9 m、6 mの場合もあったことが実証された。同時に、官道は直線的に企画された計画道路であったことが分かった。

こうした調査は、古代交通研究会（木下良会長）の発足に繋がり、歴史地理学、考古学、文献史学を総括した研究は、『日本古代道路事典』（八木書店 2004）として結実した。

このところ各地で古代官道の発掘が相次いでいるが、なかでも東海道と東山道で著しい。曲金北遺跡（静岡県静岡市）では道幅12 mの東海道が350 m、また杉村遺跡（栃木県宇都宮市）では同じ幅の東山道が370 mにわたって確認された。まっすぐに延びた古代道路が発掘された姿は壮観である。

東山道の武蔵路（上野～武蔵）に関係すると考えられる遺構が、群馬・栃木・埼玉・東京において検出されるようになり、東山道武蔵路について関心がよせられてきたのである。そのような折、武蔵国分寺跡の西北地域において全長340 mの南北直線道路が発掘された。道幅12～9 mのこの道路遺構は、両側に溝を有し、四時期の面が確認されたのである。

武蔵国は、711（宝亀2）年10月に東山道から東海道に所属替えになっていることが知られているので（『続日本紀』）、武蔵路はその時点で制度上としては機能が停止されたと考えられる。しかし、実際には833（天長10）年5月11日に多摩郡と入間郡の郡境に悲田処が設けられた（『続日本後紀』）ことから、いぜんとして武蔵路は上野方面と武蔵を結ぶ要路として賑わいを見せていたようである。

その他にも中路遺跡（滋賀県大津市）で東山道の一部が検出された。交通の要衝として知られる瀬田の唐橋（勢多橋）の東方約800 m、近江国庁跡の近くで幅約12 m、長さ約5 m分が発掘された。巾員は古代官道路にふさわしい。

士島田遺跡（高知県南国市）からは幅約6 m、南北方向に長さ約32 mの道路跡が発掘された。遺構には幅0.7〜1.0 mの側溝があり、古代南海道と推定され、北方には土佐の国衙跡、国分寺跡が位置し、付近から8世紀後半〜9世紀前半の建物群の遺構が発掘されている。

古代官衙跡の調査例の少ない四国でも、士島田遺跡（高知県南国市）の発掘結果が報じられた。8世紀後半から9世紀前半頃の建物跡7棟と竪穴遺構2が発掘されたが、掘立柱の建物は規則的に配置されており、宗部郷（土佐国長岡郡）の中心施設であるという。郷に関する遺構の発掘は全国的に見ても注目され、さらなる検討が期待されている。

さらに1189（文治5）年、奥州藤原氏と鎌倉幕府の奥州征討軍が戦った、阿津賀志山防塁遺跡（福島県国見町）木戸口の付近から、南北方向の幅約6 mの道路が検出された。藤原泰衡が奥州への大道に二重の堀を築いて進軍を防いだ、と伝えられている道路遺構の発掘であろうか。

近畿地方でも重要な発掘が続いている。石神遺跡（奈良県明日香村）の発掘により古来「幻の道」とも称されてきた「山田道」と考えられる遺構が検出された。山田道は、外国使節の通過道路として『日本書紀』に記述されているがその実態は明らかでなかった。発掘された溝は、長さ約 26 m、幅 1.3〜1.8 mで、道路の南側溝と推定され、7 世紀の中頃の道路遺構の一部であることが知られた。

下三橋遺跡（奈良県大和郡山市）から、平城京の十条大路と推測される道路遺構が発掘された。幅約 14 m、両側に溝（幅 1.5〜2.0 m、深さ約 40 cm）が設けられている東西道路で、長さ 9.5 mが発掘された。十条大路が確認された結果、平城京南北九条説は再検討されることになった。

また、平城京跡（奈良県奈良市）から「下ツ道」（幅員約 20 m）の東側溝（幅 2 m、深さ 1 m）が長さ 6 mにわたって発掘された、と報じられた。「下ツ道」は、「上ツ道」「中ツ道」と同時に設置されたと考えられている南北方向の直線道路で、それぞれ 2.1 kmの間隔で設けられた官道である。

奈良盆地を南北に貫く 3 本の幹線道路は 7 世紀中頃の整備とされてきたが、「下ツ道」側溝の発掘によって出土した須恵器の観察は 7 世紀初めにさかのぼる可能性を明らかにした。「下ツ道」は後に平城京の中軸線（幅約 70 mの朱雀大路）となる基幹線道路と推定され、「山田道」の西端と直角に交差している。「山田道」の確認と「下ツ道」の設置年代に関する手がかりは、藤原宮・平城京の造営ともども古代の奈良盆地に展開した飛鳥～奈良時代の証跡として評価されよう。

東京都国分寺市では現在、東山道武蔵路跡の保存整備が行われている。1993 年に発掘された 350 m の直線道路は史跡に指定され、現代によみがえっているが、近頃、武蔵国府跡に、向かって南に延びる道跡も発掘され、整備・保存復元の範囲は 400 m を超えることになった。

この官道は「上古の官道の跡」(『武蔵名勝圖会』1820 年）として伝えられていたが、170 余年後に発掘されるまで忘却されていたのである。

前述した、官道の幅はせいぜい「１m程」とする説は、近年の各地の発掘の結果、直線の企画性をもった側溝付きの大通りであったことが考古学的に実証された。それぞれの官道は、平城京に向かって直線を基本として敷設されていたのである。

旧建設省などで高速道路の計画にかかわった武部健一は、このような成果を受けて七道完全踏査を果たし、高速道のルートは古代官道の道筋と多くが重なることを喝破した（『古代の道』吉川弘文館 2004 年など）。

幅広で直線の官道が整備されたことは、平城京と各地の国府との間の迅速な通信手段を確立し、軍事行動を容易にし、各地で徴収した租税の産物を大量に都に運ぶ大動脈となった。中央と地方を最短・最速で結ぼうという道路計画の合理性は現代と共通している。中央集権国家は、官道によって確立したと言っても過言ではない。

5．官衙跡と古代の行政

古代の役所である官衙跡の発掘も各地で進められており、文献史料との照合が進むなど大きな成果をあげている。

古代官衙の発掘は各地で進められているが、上野国の新田郡衙跡と考えられてきた天良七堂遺跡（群馬県太田市）から一辺約 90 m を有する郡庁の存在が確認された。方形に区画された空間の東・西・南辺には、それぞれ、南北方向（東と西）と東西方向（南）に主軸をもつ長大な掘立柱建物の存在が認められた。西辺の第 1 号掘立柱建物跡（東西 4.8 m、南北約 50 m）とその建て替えの第 2 号掘立柱建物跡（東西 5.4 m、南北約 50 m）をはじめ、東辺の第 3 号掘立柱建物跡、その建て替えの第 4 号掘立柱建物跡、南辺の第 5 号掘立柱建物跡の存在状態が明瞭になった。郡庁は、通常一辺 50 m とされているが、新田郡庁の場合は方約 90 m を有していたことが発掘によって明らかにされた。

また、新田郡の郡庁施設は 『上野国交替実録帳』（1030 年、国司交替時の記録草案）によれば東・西・南・北に「長屋」の建物が方形に巡らされていたことが見えており、文献と遺構のあり方が一致したことは注目される。

中央の部分で確認された正殿跡（東西 15 m、南北 7 m）は、初期の掘立柱建物が、後に礎石をもった建物に建て替えられたことが明らかにされるとともに、正殿の南に石敷きの通路、さらに前殿と考えられる東西棟の存在が知られた。西方にはすでに 4 棟の正倉群跡が発掘されており、郡衙の全容解明が大いに期待されている。

このように、上野国新田郡衙跡に比定されている天良七堂遺跡は、

1955年以来十数回にわたる発掘が実施され、正倉を含む郡衙の実態が把握されてきた。とくに文献史料との対比検討が可能な稀な例として、郡庁跡の発掘成果ともどもきわめて貴重な例となることは明らかである。

古代官衙の発掘は、各地において試みられているが、大串遺跡（茨城県水戸市）から発掘された3棟の正倉跡は、常陸国那賀郡の郡衙と関連すると考えられる遺構として重要である。

水戸市教育委員会による発掘の結果、3棟の倉庫跡が南北方向にほぼ9 mの間隔で検出され、その規模とあり方から正倉であろうと推定された。正倉の西側には、溝（上面4 m、深さ2.2 m）を隔てて掘立柱建物跡（東西11 m、南北17 m）などが発見され「厨」銘の須恵器、瓦などが出土した。瓦は、那賀郡衙跡を含む遺跡として知られる台渡里廃寺（茨城県水戸市）の例と同じであり、大串遺跡は、那賀郡衙と密接な関係を有していた官衙跡と考えられている。

かつて、高井悌三郎によって調査された常陸国新治郡衙跡は、郡衙跡の研究に先鞭をつけた例として知られているが、同国の那賀郡衙跡と関連する遺跡の発見は、今後における地方官衙の実態を考究する手がかりとして注視されるであろう。

そのほかにも上野国佐位郡の正倉群跡と考えられている三軒屋遺跡（群馬県伊勢崎市）の範囲確定の発掘調査が開始された。以前、八角形倉庫跡が発掘された同遺跡は『上野国交替実録帳』（1030年）の記述に符合し、郡衙正倉の実態究明の好資料として注目され全容の解明が期待されていた。正倉域は2区画からなり、区画2は東西約315 m、南北約175 m以上の敷地を有していたことが明らかになり、区画1の調査も継続されることになった。

近年、古代の東国と北九州の各地が防人を通して密接な関係をもっていたことが、出土資料によって次第に明瞭になってきた。丁永遺跡（佐賀県小城市）から出土した「丁亥年（687）6月12日亦（或は赤）堤十万呂」と刻書された蛇紋岩製の紡錘車（直径4.58 cm）によって、さらに深められた。刻書紡錘車は東国を中心に出土している。布生産に関わる祭祀儀礼の遺物と考えられており、人の動きの背景に伝統的・慣習的な儀礼が伴っていたことが察せられる。

6．飛鳥の発掘調査と『日本書紀』

明日香村（奈良県）において飛鳥浄御原宮の北限を示すと考えられる石組み溝跡の検出、新田部親王（天武天皇第7皇子）邸跡かと喧伝された竹田遺跡の発掘結果、飛鳥寺跡講堂の大礎石の出土などに続いて、甘樫丘東麓から蘇我入鹿（～645）邸宅跡の一部かと考えられる石垣の発見が公表された。

甘樫丘東麓遺跡は、谷間を造成して形成されたもので、7世紀前半の第Ⅰ期と7世紀中頃の第Ⅱ期にわたって形成されていた。第Ⅰ期は、河原石を用いた高さ約1 mの南北方向の石垣で約15 mが発掘され、あわせて東側から建物跡1棟と塀が見出された。ついで第Ⅱ期になると、石垣を埋めた土地に規模のさして大きくない建物跡6棟と、石敷きがつくられていたことが知られた。

飛鳥時代の石垣を伴う遺跡の発見は、大化改新（乙巳の変：645年）で中大兄皇子らによって斬殺されたと伝えられる蘇我入鹿の邸宅跡との関連が推定され、「日本書紀」に見られる入鹿の「谷の宮門」にあたると考えられている。7世紀の前半、入鹿の父・蝦夷（～645）の邸が甘樫丘の上（「上の宮門」）に、その下に入鹿の「谷の宮門」が建てられ、要塞化されていた様子を具体的に示す遺構の発見となった。

蘇我氏は、甘樫丘の西北約3kmの畝傍山付近にも砦化した邸宅をもっていたことが知られており、甘樫丘の石垣の発掘は、今後における蘇我氏関係の遺跡調査に一つの手掛かりを提供することになった。

その後、甘樫丘東麓遺跡（奈良県明日香村）の調査では、7世紀の建物跡4棟と塀（長さ15m以上）、石垣なども発掘された。7世紀前半の建物3棟中の2棟は高床式の総柱構造（9m×5m）で「兵庫」（武器庫）の可能性があり、他の1棟は掘立柱建物（11m×4m）であった。ともに7世紀中頃に取り壊された後、跡地は整地されて後半に建物が建てられた。調査区域は、蘇我入鹿の邸宅跡と考えられ、大化改新によって廃絶した「谷の宮門」（『日本書紀』の記述）の一部と想定されてきた。付近には中枢の大型建物群の存在が推定されており、その全容解明に大きな役割を果たすことになった。

また、蘇我馬子の伝邸宅跡の島の庄遺跡（同）でも7世紀前半の石組み遺構が発掘された。東西方向に長さ4m以上、最大幅3.5m、深さ1.3mの溝は、両側に人頭大の川原石を六段以上積んで護岸としていた。この溝は、7世紀の後半には埋没したことが知られた。明日香の地に存在する蘇我氏の関係と推定される諸遺跡の調査が進み、7世紀中頃が一つの画期になっていることが考古学的にも明らかにされてきていることは注目されよう。

伝統的な宗教観をもつ物部氏と新来の仏教を崇拝した蘇我氏の抗争は、蘇我氏の勝利に終わったが、その背景には朝鮮半島からの新しい情報の流入と咀嚼があったことを容易に察することができよう。そして7世紀の前半、権勢を誇った蘇我氏は滅亡した。この1世紀にわたる歴史の舞台となった明日香から今後とも多くの重要な歴史事実が発掘されることは疑いない。

7．終末期古墳の発掘—東国の新しい発見—

（1） 多摩川流域の7世紀代古墳

日本列島の7世紀は、東北アジア史上の変動の時期にあたり、内憂外患の時代であった。645年の大化改新（乙巳の変）、672年の壬申の乱は、663年の白村江の戦の敗退ともども中央集権体制の確立に向かう歴史的過程として認識されている。それは618年に隋に代わり律令制による唐の建国、660年の百済滅亡と668年の高句麗滅亡は新羅の統一となり、朝鮮半島に新しい国家体制が生まれたからであった。666年に百済人2千余人が東国に移されたことは半島の動きと無関係ではなかった。

「大化改新」の結果、東国に国宰が派遣され、701年の大宝律令の整備による地方諸国統治の国司の揺籃となり、行政地区として評が設置された。評は大宝律令によって郡となったが、7世紀の後半は「評」の時代であった。この時代は、飛鳥時代と呼ばれ、他方、美術史上の区分によれば白鳳の時代であった。

7世紀は、考古学上、前方後円墳の時代が終わり、後期古墳時代に続く終末期古墳が築造される時期である。武蔵においても同然であり、円墳を主流に、ときに時と場が限定されて方墳と上円下方墳が築造されている。多摩川流域——武蔵南部——の様相も軌を一にしていることは言うまでもない。

多摩川流域における古墳については、日本考古学の黎明期であった明治時代に早くもその存在が知られ、先学による知見が記録されている。古墳として1887年（井上喜久治）調布—元五宿・埴輪出土、1888年（福羽美静・八木奘三郎）三鷹—大沢・人骨太刀、1895年（阿部正功・鳥居龍蔵）日野—本郷七ッ塚・埴輪首、横穴として1886年（坪井正五郎）砧—喜多見、1894年（阿部正功）日野の各例がある。

1900年には八木奘三郎・蒔田鎗次郎編『古墳横穴及同時代遺物発見地名表』が東京帝国大学から出版され、全国2,676の古墳と横穴の存在が紹介されている。この地名表に収録されている北大谷（東京都八王子市）の古墳は、1899年に発掘、1901年に学界に報告されたものであるが、「群集、塚穴」と記載されている。土地の人びとによって発掘された古墳は、当時、日本最初の考古学概説書として学会誌はもとより日刊紙でも激賞されていた『日本考古学』（1898・99年）の著者八木奘三郎に調査依頼がされた。八木の報告は1901年に公にされたが、その後、1933年には後藤守一によって再調査、さらに1993年に多摩地区所在古墳確認調査団により三たび調査された。

その結果、複室構造の切石横穴式石室を有する古墳であることが明らかにされ、築造年代は7世紀の前半と想定された。八木は「群

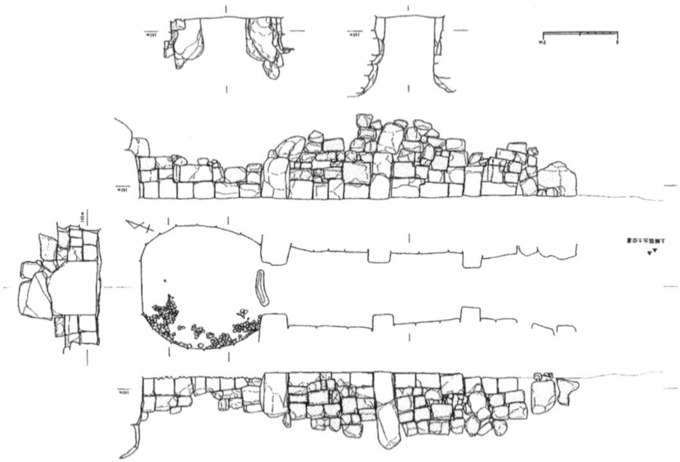

図 62　北大谷古墳実測図（多摩地区所在古墳確認調査団による平成時代のもの）

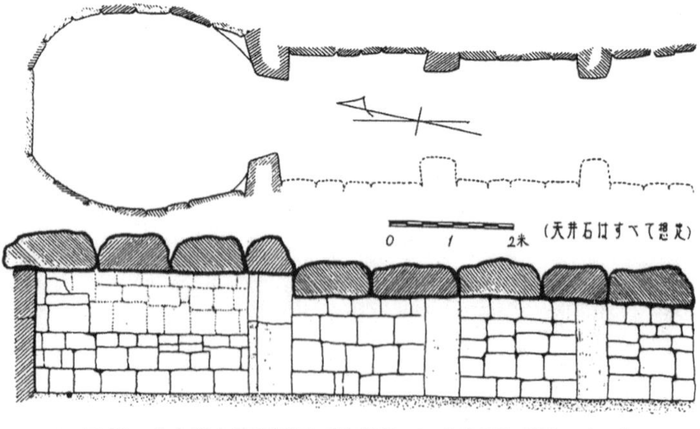

図 63　北大谷古墳実測図（後藤守一による昭和時代のもの）

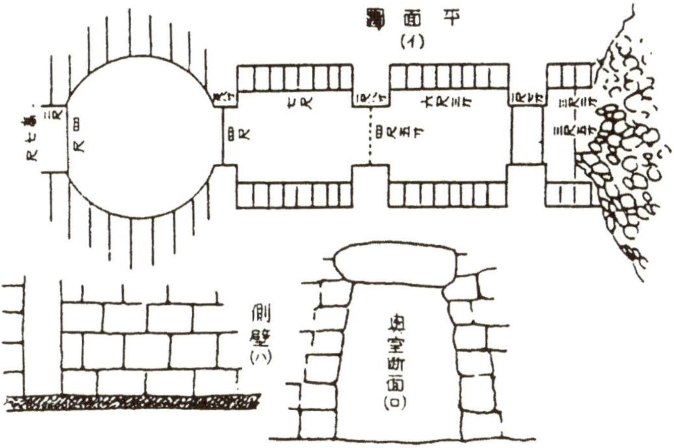

図 64　北大谷古墳実測図（八木奘三郎による明治時代のもの）

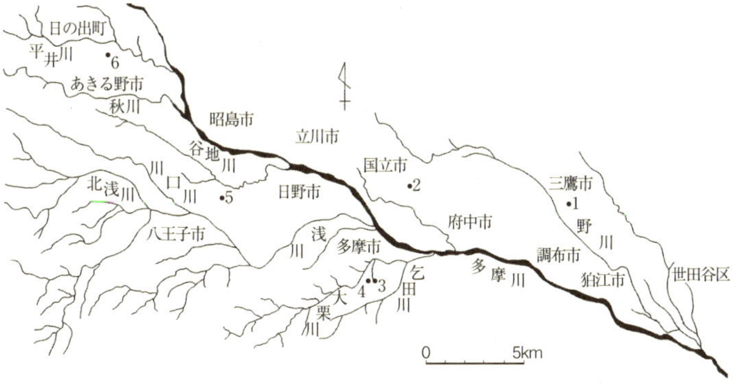

1. 天文台構内（三鷹市）　2. 武蔵府中熊野神社（府中市）　3. 稲荷塚（多摩市）
4. 臼井塚（多摩市）　5. 北大谷（八王子市）　6. 瀬戸岡（あきる野市）

図 65　多摩川流域のおもな 7 世紀代古墳

集」と報告しているが、現時点では周辺に古墳の存在は確認されていない。「塚穴」表現は、高塚古墳の石室（横穴式）を指しているようである。墳形は、円墳とされてきたが方墳であろうとの意見もある。多摩川上流域に存在する7世紀代の古墳が明治時代に発掘され、その後、3回にわたる調査が実施されたことは、北大谷古墳が世代を超え、現在においても注目されていることを物語っている。

大正に入って1915年に後藤守一が瀬戸岡（東京都あきる野市）古墳を発掘し、地表面下に営まれた河原石積の「横穴式石室的竪穴式石室」墳の存在を明らかにし、以降、1927年の鳥居龍蔵、1937年の塩野半十郎、1950年の後藤・吉田格・大塚初重などの発掘を経て、東京都・秋川市などによる調査に引き継がれ、50基を超える群集墳であることが知られた。築造の年代は、7世紀代に求められているが、群集の状態は未発掘墳の存在も想定され、今後におけるさらなる調査が期待されている。

1934〜1936年に調査された堀ノ内・梵天山（東京都日野市）の横穴墓群は、とかく見過ごされてきた横穴墓の先駆的調査例として注目される。多摩川の流域、とくに中流を中心として濃密に営まれている横穴墓の存在については、明治時代から注意されてきたが調査された確実な例は乏しかった。宮崎糺・水野祐による日野台地における横穴墓の発掘調査は、その後における多くの調査の先鞭として注目され、多摩における7世紀代の造墓の一類型として知られている。

1952年に発掘調査された稲荷塚・臼井塚古墳（東京都多摩市）は、多摩川中流右岸に存在する切石使用の横穴式石室を有する7世紀代の古墳として注視されている。三木文雄による発掘の結果、多摩有数の古墳であることが確認され、近くに位置している臼井塚古墳とともに7世紀前半の古墳として注目された。さらに、1990年における周溝部の発掘は、稲荷塚古墳が八角墳である可能性を示し、多摩地方の歴史的背景の究明に大きな問題を提示するところとなった。

また、1970年に発掘され、1995年に図が公表された天文台構内古墳（東京都三鷹市）は、その後の調査により複室構造の切石横穴式石室を有する一種の上円下方墳であることが判明したことは新たな問題を提起するところとなった。

それは2004年に上円下方墳と確認された武蔵府中熊野神社古墳（東京都府中市）をめぐる問題ともリンクし、多摩川流域における7世紀代の古墳のあり方をめぐって活発な論議が展開される基となった。武蔵府中熊野神社古墳は、複室構造の切石横穴式石室を有し、副葬品として鉄地銀象嵌鞘尻金具（七曜紋付）の検出があり、墳丘は版築《はんちく》、石室は切石切組み積の技術をもつことが知られたのである。

多摩川の中～上流域における7世紀代の古墳は、左岸の北大谷古墳・武蔵府中熊野神社古墳・天文台構内古墳、右岸の稲荷塚古墳・臼井塚古墳と上流域の瀬戸岡古墳群、そして点在密集して存在する横穴墓群は、それぞれ多摩の古墳研究の展開史のなかに位置付けられるものである。

「評」時代の7世紀の後半、武蔵国多磨評の中心地に北の上野国から一直線に南下する東山道武蔵路が設置され、付近には多磨郡寺が造営された。その地は、8世紀に入って武蔵国の国府が設定された多摩川中流左岸であった。律令制による中央集権国家体制の地域的な要であった国府の西側に造営された武蔵府中熊野神社古墳の主は多磨評に関係する有力者であり、類同の構造を有する左岸の北大谷・天文台構内の古墳、右岸の稲荷塚・臼井塚古墳の主はそれぞれの地域に君臨した在地の首長として把握されよう。他方、上流域に展開した瀬戸岡古墳群に葬られた人びとは、他地域よりの移住者の可能性を密め、横穴墓の被葬者の性格ともども、武蔵国の7世紀を考える歴史的な資料として看過することはできない。

激動の7世紀、多摩の地は、地域的に君臨した首長の傘下に分立していたが、8世紀に入り律令体制の紐帯のもとに編成されていった。古墳の様相はその背景を物語っている。

（2） 武蔵の上円下方墳とその周辺

2003年10月、府中市西府町の熊野神社境内地で上円下方墳の存在が確認され、以降、多摩の地域は考古学界の注視を受けるようになった。その理由は、発掘調査によって知られていた上円下方墳は、奈良・石のカラト古墳と静岡・清水柳北1号墳の2例にすぎなかったからである。

上円下方の墳形は、1912年に増田干信（宮内庁御用掛）「伏見桃山山陵陵制説明書」のなかに「上円下方式の陵形は天智天皇陵」と見え、また「陵制講話」の「三・陵墓の型式」に「将来ノ陵ハ上円下方式ヲ採リ墓ハ圓丘式」、「四・天皇（陵）の型式」に、歴代山陵の制度を参考に「上円下方型ニ造リ…昭和ノ山陵ハ凡テ之ニ則ルベキカ」との記載がある。それを承けて1913年に喜田貞吉は「上古の陵墓」(『皇陵』)に「下方三段なる上円下方の塚」の存在について触れた。『陵墓要覧』(1914・1974)には「上円下方」は「来目皇子・舒明天皇・天智天皇」及び「明治天皇(昭憲皇太后)・大正天皇(貞明皇后)」の墳形と記され、1926年10月公布の「皇室陵墓令」には「陵形は上円下方又は圓丘」とあり、陵形は上円下方とされてきた。

高橋健自『古墳と上代文化』(1922)には古墳の形として上円下方墳の存在が指摘され、『多摩の御陵を繞る史蹟』(1927)、後藤守一『日本考古学』(1927)、石野瑛『考古要覧』(1928)、佐藤虎雄『日本考古学』(1933)、大場磐雄『日本考古学概説』(1934)などの解説、概説書に上円下方墳についての記述が広く用いられてきた。また『新選歴史精図(国史之部)』(帝国書院 1936)、『日本歴史地図』(三省堂 1937)には、円墳・前方後円墳・方墳とともに上円下方墳が図示され中等学校の教材中にも登場するようになった。考古学界においても濱田耕作『大和島庄石舞台の巨石古墳』(1937)に「下方一成上円一成、下方一成上円二成、下方二成上円一成、下方三成」の復元想定図が描かれ、同所所収の「日本方形古墳聚成表」には梅原末治によって「下方上円墳」「上円下方墳」の存在が記された。

古墳類型の一として上円下方墳の存在については、小林行雄『日本考古学概説』(1951)、斎藤忠『日本考古学概論』(1983)などにも記載され、他方、類似墳形として大陸の方基円墳の存在についても指摘されてきた(駒井 1948、斎藤 1948、吉田 1951、関野 1963)。

このように上円下方墳については、“陵”を意識に入れて暗暗裡に着目されてきていた。常にその具体例として指摘されてきた天智天皇陵は、上八角下方墳であることが知られたが、上円下方墳として考古学界に周知されてきた埼玉・宮塚古墳と山王塚古墳については、過去に発掘調査によって上円下方墳であることが確認されることがなかった。

武蔵府中熊野神社古墳と名付けられた上円下方墳の新たな例は、石のカラト古墳、清水柳北1号墳に対して、頗る在地性に富んだものであった。

「下方二成上円一成」、の形状をもつ上円（直径 15.9 m、高さ約 3.6 m）、下方（一段一辺約 32 m、高さ約 0.5 m、二段一辺約 23 m、高さ約 2 m）の三段築成の墳丘、切石切組積の技法を用いて築造された前室・後室・玄室の3室より成る横穴式石室は羨道と墓前域を有している。墳丘及び石室下部は版築的技法により、墳丘全面は河原石によって覆われていたことが判明した。主体部には追葬を含む2体の埋葬が確認され、鞘尻金具（銀象嵌の七曜紋が7カ所）、ガラス小玉などが検出された。これらの示す様相によって7世紀後半の築造と考えられた（府中市教育委員会 2005）。

多摩川流域における7世紀代の高塚古墳として類似する古墳は、左岸に北大谷古墳（東京都八王子市）、天文台構内古墳（東京都三鷹市）、右岸に稲荷塚古墳（東京都多摩市）、臼井塚古墳（同）が存在している。ともに切石使用の横穴式石室構造であり、左岸の2古墳は、武蔵府中熊野神社古墳と同様な三室構造を具備している。これら5古墳に共通している特徴は、胴張りの石室を構築していることであり、かつて、後藤守一は「武蔵野における円形プランの石室古墳」との視点を提唱した。胴張りの石室を持つ古墳は武蔵に地域性をもって分布しており、7世紀中頃の天智・天武代に武蔵に配された百済・新羅そして高麗の帰化人との関係が着目されてきた。他方、534（欽明3）年の安閑紀に見える武蔵国造の内訌に伴う屯倉（横渟・橘花・多氷・倉樔）献上の地が武蔵南部に存在し、以前から中央との紐帯が濃厚であった。上円下方を呈する古墳と類同の主体部構造を共有する古墳が多摩川の中流域に集中していることは、7世紀代、すなわち武蔵国府設置に先立つ歴史状勢を示す考古学的史料として注目される。

上円下方墳として知られる奈良・石のカラト古墳の主体部は横口式石槨であり、また、静岡・清水柳北1号墳は火葬骨収納の石櫃であった。ともに8世紀の前半代のもので、切石の横穴式石室を主体部とする武蔵府中熊野神社古墳とは、地域・年代・内部構造すべてにわたって異質である。また、上円下方墳として確認された福島・野地久保古墳の主体部は横口式石槨であり、7世紀後半～8世紀初頭との年代観が提示されているものの武蔵の事例とは同一に考えることはできない。なお、武蔵に存在する上円下方墳として喧伝されている宮塚古墳と山王塚古墳は、ともに未発掘であり、主体部など明確ではないが、私見では、前者は火葬墳、後者は横穴式石室墳ではあるまいかと憶測している。

武蔵府中熊野神社古墳は、上円下方の墳形を採用して築造されたものであるが、その内部構造は在地的な切石使用の胴張り複室の横穴式石室である。

武蔵国に存在が確認された上円下方墳は、7世紀～8世紀代における同国の歴史的背景をめぐる研究にとってエポック・メーキングなものであり、その展開が期待される。

（3） 武蔵府中熊野神社古墳の発掘

武蔵府中熊野神社古墳は、東京都府中市西府町2丁目9番地〈熊野神社本殿北方〉に存在する上円下方墳である。当古墳は、1884年に発掘の記録があるが、その後、古墳としての認識が果たされることなく過ぎてきた。古墳として確認され、かつ、その墳形が上円下方を有することが判明したのは、2003年に府中市教育委員会・府中市遺跡調査会が実施した調査の結果であった。

立地と環境　多摩川左岸の立川段丘上の平坦地に立地する当古墳は、府中崖線から北に約500 mの地点に位置している。付近には、南方約400 mに御嶽塚古墳群、南東約1,200 mに高倉古墳群が存在しているが、ともに多摩川に臨む府中崖線の縁辺部に沿って築造された古墳時代後期の円墳群であり、当古墳とは空間的に分離している。また、東方約1,000 mには東山道武蔵路が南北の方向をもって存在し、東南東約2,200 mには武蔵国の国庁想定地がある。このように、当古墳は、古墳時代後期古代における広義の葬地空間として認識される武蔵国の国府域の西方地域——それは、東山道武蔵路の西側でもある——に隔絶して立地するいわば“孤高的な存在”として看取することができる。

墳丘の形状　当古墳の墳丘は、上円下方を意識して築造されたことが明らかにされた。古墳の形状として認識されている“上円下方墳”であり、2段の方形部の上に円形部を載せたもので典型的な形状を有することが確認された。

1段目の方形部は、一辺32 m四方の正方形で高さ約50 cm、2段目の方形部は、一辺23 m四方の正方形で高さ2.2 m以上、3段目となる円形部は、径16 m、高さ2.2 m以上である。

1段目には、石室使用の用材と同質の縁石をめぐらせていたことが東・南・北の側縁で確認された。縁石は、40〜55 cm×35〜45 cm×15 cmの長方形状の切石を用い列状に配されていたことが想定される。この1段目の高さは約50 cm内外であり、縁石は、その裾の部分に並べられていたもので、いわゆる外護列石と同様の意識をもって配置されていたことを察することができる。

2段目には、多摩川の川原から採集されたと考えられる礫を用いた葺石が認められる。葺石は、高さ約2.2 mを有する方形部分の表面にあたかも貼られたがごとき状態で葺かれていた。礫の大きさは、15 cm×10 cm位のものが多い。

1・2段目は正方形状を有するが、3段目は円形である。3段目の表面には、2段目と同様に礫が葺かれていた。礫の大きさは、2段目より大ぶりのもので40 cm×25 cm位、厚さは約15 cm前後であり、2段目のそれとは明らかに異なっている。かかる礫の大きさの違いは、2段目方形部と3段目円形部を峻別させる意図のもとに葺かれたことを示している。円形部の高さは、現存の状況よりは2.2 mを計るが、本来は5 m以上と考えられている。

このような3段構成の墳丘は、程度の差こそあれ、いわゆる版築的工法によって造成されていることが特徴である。そのために2・3段目の葺石はそれぞれが裾の部分を残して崩落しているにもかかわらず、墳丘それ自体の本来の造成状況はさして変容していない。かかる版築的工法は、墳丘の築造に用いられているが、一方、石室が存在する範囲には、8 m× 13 m以上にわたって掘込地業版築的工法が採られていたことが明らかにされ、また、玄室下部の発掘、前庭部下部の発掘によって、その状況がより具体的に把握されたことは注目されるであろう。

さらに注目すべきは、玄室北壁近くの礫の下方から径約 5 cm、深さ 26 cm の断面V字状の小穴が検出されたことである。この小穴の中には石室用材と同質の石屑が充填された状態で見出された。礫の施設される以前の小穴であり、石室が現場で整形されたことを示している。その位置が、ほぼ、墳丘方形部の対角線の交点にあり、2 段目の墳丘築成そして石室の配置場所が計画的になされたことが判然と理解されるのである。

また、2 段目墳丘の東北隅の北至近地から径 1.1 m、深さ 70 cm の円形坑の土坑が検出され、その上方に礫が水平に敷き込まれた状態で見出されたことが注意される。この円形坑は、2 段目の造成時に造作されたもので、古墳築造時に際して行われた行為を反映する痕跡と考えられるであろう。

このような上円下方墳の方形（1・2 段目）の各辺は、東・西・南・北を示しているが、調査時点での計測によれば、北 7 度西を示し、現磁北に近い。

石室の構造　石室は、付近一帯に存在する立川礫層下の上総層群から採取された凝灰的砂岩（シルト）を用いた切石による横穴式である。構造は、羨道・前室・後室・玄室を有するもので、複室構造横穴式石室と言える。このような石室の主軸は、北5度西であり、全長は8.7 mを計る。

3室から構成される石室には切組積が認められ「切石切組積石室」と称することができよう。この切組積は「L字状」と「凸字状」を示している。

羨道は、長辺約1.8 m×短辺約1.8 mの逆台形、前室は、幅約1.7 m×長さ約1.7 mの正方形に近い形状で現存の高さは約1.8 m、後室は、平面やや胴張り状の長方形で、長さ約1 m、幅1.9 m（最大）×1.7 m（最小）を計り、現存高（東壁）1.8 mである。羨道と前室を隔てる門は長さ50 cm、門内径は0.8〜0.9 mであり、前室と後室の間の門は、長さ0.5 m、門内径は0.7〜1 mである。玄室は、胴張りを呈し、長さ2.6 m、幅2.7 m（最大）×1.9 m（最小）である。鏡石は、高さ1.76 m、幅1.3 m（最大）×1 m（最小）、天井部までの高さは3 m以上ある。後室と玄室を隔てる門は、長さ0.6 m、径は1.0 m× 0.8 m、高さは1.5 mである。

石室の底面には、礫（10〜20 cm）が敷きつめられ、その下部に砂礫層が認められた。礫の配された状況は、3室に共通していたようであるが、前室は礫の移動が激しい様子が看取された。玄室・後室・前室の順に礫の残存状態は良好であったが、いずれも後世における人為的移動が考えられた。比較的ではあるが築造時の状況を部分的に残していたのは、玄室と後室の一部であった。その部分から玄室においては鞘尻金具と鉄釘、後室では鉄釘が見出された。

石室の構造的特徴は、玄室部そして後室部にみられる胴張りである。かかる胴張りは、玄室部において顕著であり、奥行2.6 mの数値は、最大幅の数値と一致する。すなわち、玄室の最大幅 2.6 m は、そのまま玄室の奥行と一致している。玄室鏡石の中央と玄室入口部の中央を結ぶ数値（A）と玄室の東西の最大幅の数値（B）との一致、（A）と（B）の交点が、墳丘対角線の交点と近いことは、玄室の存在位置こそ当古墳の中枢意識の具体的反映と考えることができる。さらに、玄室の北壁（鏡石）の中央よりやや西に偏して断面V字状の穴が検出されたことも、あわせ注目することが肝要である。また、3 室の大きさが、玄室＞後室＞前室と平面形を意識して造られていることも看過することはできないであろう。

このような平面プランとその計画性は、当然のことながら、上部構造の設計とも関連を有していたことは推察に難しくない。胴張り構造は、天井部の架設と密接不離な技術的関連にあったことが考えられる。天井部が崩落した当古墳の復原的考察に際して、かかる課題が追究されるであろう。

被 葬 者　被葬者の歯と考えられる永久歯が 3 点検出された。上顎第 1 大臼歯と下顎左右の第 3 大臼歯である。いずれも壮年の初期か前半期のものであり、被葬者の年齢を示すものであろう。かかる被葬者は、鉄釘の検出によって木棺に収められたことが知られる。ただ、鉄釘は、玄室北西部を中心とした付近から検出された 49 本と後室南東部に集積された状態で見出された 26 本とがあり、玄室内から後室に移動されたものであるか、またはそれぞれが原位置の周辺に遺存していたのか、いずれとも判断し得ない。

木棺用の鉄釘の検出状態をどのように考えるか、被葬者の追葬をめぐる問題と関連し、すこぶる重要である。後室のそれが集積された状態で見出されたことは、追葬の可能性を示すが、本来の被葬者木棺を後室に移動させてまで追葬された人物像とも絡むことであり、課題としたい。

木棺に使用された樹種は、鉄釘に付着していた資料によって、ヒノキ科ヒノキ属ヒノキであったこと、同じく鉄釘の頭に付着していた繊維から絹であったこと、が判明したことは注目される。ヒノキ材の木棺に絹の布で覆われたある時期の被葬者像に注目したい。

副葬品　副葬品としては、鉄地銀象嵌鞘尻金具、刀子、玉類であった。鞘尻金具は、玄室奥壁近くから検出された心葉形唐様大刀のものであるが、鉄地に銀で「七曜紋」が7カ所に象嵌されている。「七曜紋」は富本銭に見られるが、きわめて特徴ある図柄である。このような図柄が小さな鞘尻に七つも付けられていることは注目に値する。銀象嵌の技術もさることながら「七曜紋」で飾られた大刀を佩する被葬者像の性格をめぐる課題が、今後とも湧出することは必定である。玉は、鉛ガラス製の小玉6点であった。他に刀子4点が検出された。

築造年代　当古墳の築造年代については、確認の直後から7世紀代と考えられてきた。7世紀の前半か後半か、さらに幅が狭まるのか、注視されてきた。墳丘が上円下方墳であったことから、ただちに連想されたのは、石のカラト古墳（奈良県奈良市山陵町、京都府相楽郡木津町）と清水柳北1号墳（静岡県沼津市足高）であった。

石のカラトの主体部は横口式石槨で7世紀末、そして清水柳北1号の主体部は擬灰岩製石櫃で、8世紀初頭頃の築造と考えられ、それぞれ13.8 m、高さ2.9 m（石のカラト）と12.7 m、高さ2.8 m

（清水柳北）を有することが報告されていた。発掘調査されたこの2例の上円下方墳と当古墳を比較すると、墳丘の大きさと内部主体のあり方など諸点において異なっていることが知られたのである。

3段築成で横穴式石室を有する当古墳は、従来における上円下方墳とは明らかに異なるものであり、武蔵国という地域性を念頭において独自に検討すべきことを示している。とくに主体部が胴張り構造の玄室（と後室）を有する切石使用の複室横穴式室は、武蔵国に展開した後期古墳の構造的な一つの特徴として等閑視することはできないであろう。このような観点から近似する構造の例として北大谷古墳（東京都八王子市）との比較が重要であり、さらに稲荷塚古墳（東京都多摩市）・臼井塚古墳（同）も同様に考えることが肝要であろう。この3古墳中、胴張りの玄室と3室を有する北大谷古墳が構造的に酷似し、玄室・前室構造の稲荷塚古墳及び臼井塚古墳も近似している。いずれも年代的には、7世紀の幅のなかで把握されているが、総じてはその前半代と考えられている。当古墳をそれらと比較すると後出的な様相を有していると想定され、7世紀の中頃を築造年代の上限と考えることにしたい。而して、その下限については、鉄地銀象嵌鞘尻金具の形態的な特徴と「七曜紋」のあり方から、7世紀末と考えておきたいと思う。

なお、当古墳が周到な企画性のもとに築造されていることを指摘してきたが、その企画に基準尺度が介在していたことは、容易に察することができる。それが「古韓尺」であるか「唐大尺」であるか、かかる問題については、周溝の発掘結果を待って改めて検討されるであろう。

（4）　三鷹天文台構内古墳の発掘

天文台構内古墳の発掘調査は、東国における上円下方墳の研究に留まらず、上円下方墳の地域的形成にまつわる検討にも波紋を投げかけた。それは、上円下方墳の分布に関する問題とともに類型の認識と年代論などをめぐる議論の展開となって表出してきた。とくに、上円下方墳の墳型出自が、畿内の7世紀中頃の舒明陵、同後半の天智陵、天武・持統合葬陵、そして牽牛子塚古墳（斉明陵）、中尾山古墳に見られる八角形墳と密接な相関関係にあるかどうかの問題でもあった。上円下方墳として確認されている石のカラト古墳（奈良県・京都府）、清水柳北1号墳（静岡県）、武蔵府中熊野神社古墳（東京都）に加えて天文台構内古墳も同類型として認定されることは、未発掘の推定上円下方墳である山王塚古墳（埼玉県）と宮塚古墳（埼玉県）ともども東国の武蔵に4基が認められることになるからである。天文台構内古墳は、西北より南東に流れる野川左岸、国分寺崖線北方の武蔵野段丘に存在している。その地は、北から南にかけて形成されている一支谷に西面する平坦地であり、崖線から北に約250 m隔たっている。武蔵府中熊野神社古墳が多摩川左岸に直面する府中崖線の北の広々とした平坦な立川段丘上に立地しているのに比べ、古墳前面の視界は対照的である。

方形の周溝（南北30～31 m、東西25～27 m）がめぐらされた内側は、地山を整形し部分的に盛土をもって段状に成形されていたことが推察された。周溝の上面は8 mを算する部分もあるが総じて2～3 m、深さは約1 mである。南の墓前域の部分は幅約3.7 mを土橋として掘り残している。方形の段には縁石などは存在していな

図 66　天文台構内古墳（東京都三鷹市）の墳丘・石室全景

図 67　天文台構内古墳（東京都三鷹市）玄室の須恵器出土状況

いが、周溝のあり方とその内側の土層の観察により段状遺構の痕跡が看取され、明らかに方形を呈する段の造成が把握された。かかる方形段の中央部分に径18.6 m、復元高約3.6 mの円墳形が造成されていたことが理解されたのである。

石室は、切石複室胴張り構造を有し、三味線胴張りの平面形（3 m×2.3 m）玄室、方形（約2.5 m×1.8 m）の前室、羨道（1.6 m×1.3 m）の南の羨門に続いてハ字状の墓前域（北117 cm×長さ約2.5 m×南161 cm）が付設されていた。玄室・前室・羨道の使用石材は火山灰質砂とシルト質砂、墓前域側壁は川原石を用いている。石室は礫敷、その基底は版築状造作をなしている。副葬品は、玄室の南東隅の礫床直上にフラスコ形の須恵器（湖西窯生産品）と坏形の土師器2点（いわゆる「比企型坏」）が接して出土した。

以上のごとき調査結果によって、上円下方墳の墳丘、複室構造の石室、側壁付墓前域、副葬品の検討により、7世紀後半に築造された上円下方墳であることが判然と把握されたのである。

築造の年代は、多摩川中流域における7世紀代の切石を用いた胴張り石室をもつ古墳との比較検討、副葬された須恵器・土師器の編年研究の結果であり、7世紀の第3四半期頃に位置付けられた。

天文台構内古墳の発掘は、上円下方墳の意識をもって造成され、内部主体は、多摩川中流域における在地性ももった切石横穴式石室であることが明らかにされた。それは、発掘着手以前から推定されていた上円下方墳としての蓋然性を示すものであったし、調査に際して当初から関係者間に暗暗裏に考慮されていた武蔵府中熊野神社古墳との相似性が改めて提起されることになった。ただ、縁石・葺石・貼石などは認められず、方形段の成形は、地山の整形と盛土によってなされ、周溝の検出により形状と規模が明らかにされた。現段階において武蔵府中熊野神社古墳の周溝存否は未確認であり、天文台構内古墳の状態が参考にされるであろう。主体部の切石横穴式石室は、武蔵府中熊野神社古墳及び北大谷古墳（東京都八王子市）と同様な複室構造を有し、多摩川中流右岸に位置する稲荷塚古墳（東京都多摩市）・臼井塚古墳（同）の石室構造とは異なっている。左岸の2古墳と右岸の2古墳とは「室」が、前者が3、後者が2である。武蔵府中熊野神社古墳の報告においては「玄室・後室・前室」の3室表現としたが、天文台構内古墳にあっては、「前室」を「羨道」、「後室」を「前室」としている。いずれにしても羨門に続く独立した部分を“墓道”としての「羨道《えんどう》」とみるか、羨門が羨道的な狭空間を介在させて「室」構造の空間に直結していると理解するか、石室構造の名所の表記差異となっている。3室として理解する立場によれば、武蔵府中熊野神社古墳・北大谷古墳及び天文台構内古墳がそれにあたり、右岸の稲荷塚古墳と臼井塚古墳は2室となる。石室構造が左岸と右岸とでは平面的に異なっており、その墳丘が左岸では上円下方墳（と現在のところ円墳）、右岸では円墳の形状を呈しているのである。ただ、稲荷塚古墳は八角形古墳と報告されている。副葬品の年代観から7世紀の第3四半期と考えられた天文台構内古墳は、七曜銀象嵌鉄地鞘尻金具が玄室から検出された武蔵府中熊野神社古墳に対して、墳丘は小規模、表面に葺石はなく、主体部石室も小形であり、総じて相対的に新しい年代の造営とすることが出来る。7世紀の後半、武蔵の多摩川中流域の左岸に2基の上円下方墳が相次で造営されていたことが明らかにされたのである。

かつて、上円下方墳は、7世紀の舒明、天智、天武・持統合葬の諸陵として出現したと説明されてきたが、それらの諸陵に加えて斉明陵かと考えられる牽牛子塚古墳、さらに中尾山古墳も八角形墳として理解されるようになってきた。舒明、天智陵の「上円部」は円ではなく八角形、天武・持統陵の形も八角形として把握されている。他方、上円下方墳かとの見解もあった石舞台古墳は方墳であり、上方は稜をもった墳形であろうとされている。よって、現在、上円下方墳は、石のカラト古墳（奈良県・京都府）、清水柳北1号墳（静岡県）、武蔵府中熊野神社古墳（東京都）、野地久保古墳（福島県）の4基である。主体部は、石のカラト古墳と野地久保古墳は横口式石槨、清水柳北1号墳は石櫃（火葬）、武蔵府中熊野神社古墳は横穴式石室であり、築造年代は7世紀の後半から8世紀の初頭である。

以上の4基に横穴式石室を主体部にもつ7世紀第3四半期に造営された天文台構内古墳が加わることになり、5基目となったのである。この5基に未発掘の山王塚古墳と宮塚古墳を加えると7基となり、7例中の4例が武蔵に集中して営まれていることになる。

7世紀の中頃過ぎ多摩川の中流域には、左岸と右岸にそれぞれ在地性の強い切石切組横穴式石室を主体部とする古墳が営まれ、地域有力者の存在を窺うことができる。左岸の天文台構内古墳の被葬者はまさにその1人であった。古墳の形状、主体部のあり方から、8世紀に入って武蔵国府が設置された地の西方に位置している武蔵府中熊野神社古墳の被葬者と関連をもった者と推定される。それは両古墳に共通して追葬が認められたことにより、2世代にわたる地域間交流の実態を窺うことができるからである。

7世紀の後半、畿内においては八角形墳が天皇陵として営まれ、東国の武蔵においては上円下方墳が造られた。稜を有する八角の陵と円の地域有力者墳は、ともに複数の段築をもった相似形の墳墓を営んだのである。時代は、国府設置の直前、評家が営まれ、律令国家の形成期であった。

天文台構内古墳に葬られた2世代の主は、律令体制の息吹きを感じつつ、この地域の覇者として、武蔵府中熊野神社古墳の2世代目の被葬者を通してともどもに畿内の有力者階層と交流をしていたことを察することができる。

8．広域遺跡の保存と活用—標津町ポー川史跡自然公園—

文化庁は、1977年に、広域遺跡保存のモデルケースとして、北海道東部に位置する標津町の遺跡群の調査を実施した。これは、かつて地域の中心で広域に所在する重要な遺跡群を保存・整備・活用することが目的であった。標津町ではそれを受け、遺跡群に隣接する標津湿原（国の天然記念物指定）も加え、全体を「標津町ポー川史跡自然公園」として公開している。

指定地は、伊茶仁カリカリウス遺跡（1979年に国史跡指定）約407 ha、古道遺跡約5.6 ha、三本木遺跡約1.4 haの三遺跡と、湿原約221 ha、計約700 haに及ぶ。縄文時代から続縄文、擦文文化、アイヌ文化期にいたる「窪みで残る大規模竪穴住居跡群」である。町では保存整備の計画として竪穴住居跡ほかの復元などを目指して発掘調査を実施、広域遺跡の保存と活用例として注目されている。

図68　中央の黒い森が標津遺跡群伊茶仁カリカリウス遺跡指定地（北海道標津町）。その下が標津湿原指定地（220 ha）

図69　標津遺跡群伊茶仁カリカリウス遺跡。竪穴住居跡の窪みに雪が残る。

図70　復元住居
9世紀後半のトビニタイ文化

参考文献

赤星直忠 1980『中世考古学の研究』有隣堂
アジア水中考古学研究所 2005〜『水中考古学研究』
アジア水中考古学研究所 2012『海のタイムカプセル—水中考古学からのおくりもの—』
網走市立郷土博物館 1967『網走湖底遺跡調査報告書』
荒木伸介 1985『水中考古学』ニュー・サイエンス社
今村啓爾 2001『富本銭と謎の銀銭』小学館
岩淵聡文 2012『文化遺産の眠る海—水中考古学入門—』株式会社化学同人
浦井正明 1983『もうひとつの徳川物語—将軍家霊廟の謎—』誠文堂新光社
江差町教育委員会 1982『開陽丸—海底遺跡の発掘調査報告書—』
江戸遺跡研究会編 2001『図説江戸考古学研究事典』柏書房
小江慶雄 1950『琵琶湖底先史土器序説』学而堂書店
小江慶雄 1967『水中考古学研究』京都教育大学考古学研究会
小江慶雄 1971『海の考古学—水底にさぐる歴史と文化—』新人物往来社
小江慶雄 1975『琵琶湖底水底の謎』講談社
小江慶雄 1982『水中考古学入門』日本放送出版協会
太田陽子・島崎邦彦編 1995『古地震を探る』古今書院
大場磐雄 1943『神道考古学論攷』葦牙書房
大場磐雄 1970『祭祀遺跡—神道考古学の基礎的研究　』角川書店
小野正敏・佐藤　信・舘野和己・田辺征夫編 2007『歴史考古学大辞典』吉川弘文館
小野正敏ほか編 2001『図解・日本の中世遺跡』東京大学出版会
片岡弥吉 1976「キリシタン墓碑の源流と墓碑型式分類」『キリシタン研究』16
加藤十久雄・結城了悟 1966『小干の浦の殉教者—長崎郊外出土・スペイン語銅版の考証—』長崎学会叢書 10
金子浩之 2009「江戸城向け伊里石丁場の現況」『ヒストリア別冊』
兼康保明 1996『考古学推理帖』大巧社

寛永寺谷中徳川家近世墓所調査団 2013『東叡山寛永寺徳川将軍家御裏方霊廟』吉川弘文館
熊野正也・川上　元・谷口　榮・古泉　弘編 2006『歴史考古学を知る事典』東京堂出版
群馬県新里村教育委員会 1991『赤城山麓の歴史地震―弘化九年に発生した地震とその災害―』
慶應義塾大学文学部考古学民族学研究室 2011『日吉台遺跡群蝮谷地区発掘調査報告書―航空本部等地下壕出入口関連遺構の調査―』
幸田町教育委員会 2012・13『瑞霊山本光寺松平忠雄墓所発掘調査報告書(遺構編・遺物考察編)』
後藤守一 1937『日本歴史考古学』四海書房
後藤守一 1956「武蔵野における円形プランの石室古墳」『武蔵野』229
駒井和愛 1948『日本古代と大陸文化』野村書店
今野春雄 2003「キリシタン考古学研究の展開」『博望』4
斎藤　忠 1948『上代における大陸文化の影響』大八洲出版
斎藤　忠 1951・1971『日本古代遺跡の研究』続編（文献編上・下）吉川弘文館
坂詰秀一 1989「日本のキリスト教考古学―その回顧と展望」『立正史学』65
坂詰秀一 1990『歴史考古学の視角と実践』雄山閣
坂詰秀一 1991『歴史考古学入門事典』柏書房
坂詰秀一 2006『トポスの考古学』アムリタ書房
坂詰秀一 2008『先学に学ぶ日本考古学』雄山閣
坂詰秀一 2010『日本考古学文献ガイド』ニューサイエンス社
坂詰秀一 2011『考古鶏肋抄』ニューサイエンス社
坂詰秀一 2012「元慶二年の地震と武蔵国分寺」『武蔵野』87－1
坂詰秀一編 1986『出土渡来銭―中世―』ニュー・サイエンス社
坂詰秀一編 1990『歴史考古学の問題点』近藤出版
坂詰秀一監修 2010『近世大名墓所要覧』ニュー・サイエンス社
坂本太郎 1928『上代駅制の研究』至文堂
坂本太郎 1989『古代の駅と道』坂本太郎著作集８、吉川弘文館

先島文化研究所 2009『沖縄県石垣島名蔵シタダル海底遺跡共同研究報告書』
櫻井準也 2004『モノが語る日本の近現代生活―近現代考古学のすすめ―』慶応義塾大学出版会株式会社
櫻井準也 2011『歴史に語られた遺跡・遺物―認識と利用の系譜―』慶応義塾大学出版会株式会社
櫻木晋一 2009『貨幣考古学序説』慶應義塾大学出版会株式会社
佐藤虎雄 1933『日本考古学』国史講座、国史講座刊行会
寒川　旭 1992『地震考古学―遺跡が語る地震の歴史―』中央公論新社
寒川　旭 1997『揺れる大地―日本列島の地震史―』同朋舎出版
寒川　旭 2007『地震の日本史―大地は何を語るのか―』中央公論新社
山陽新聞社 1978『海底の古備前―水ノ子岩学術調査記録』
滋賀県立安土城公庫博物館・(財)滋賀県文化財保護協会 2009『水中考古学の世界―びわこ湖底の遺跡を掘る―』
標津町教育委員会（椙田光明）2011『史跡　標津遺跡群　天然記念物　標津湿原保存整備事業報告』
標津町教育委員会 2011・2012『史跡　標津遺跡群　伊茶仁カリカリウス遺跡―平成22・23年度標津遺跡群及び標津湿原史跡等・登録記念物　歴史の道保存整備事業発掘調査報告書―』
柴田常惠 1924『日本考古学』國史講習録 19、國史講習會
志免町教育委員会（徳永博文）2005『志免鉱業所遺跡　志免町文化財調査報告書第 15 集』
十菱駿武・菊池　実編 2002・2003『しらべる戦争遺跡の事典』（正・続）柏書房
ジョージ・F・バス（水口志計夫訳）1974『水中考古学』学生社
鈴木公雄 1999『出土銭貨の研究』東京大学出版会
鈴木公雄編 2007『貨幣の地域史』岩波書店
鈴木公雄ゼミナール編 2007『近世・近現代考古学入門―「新しい時代の考古学」の方法を実践―』慶應義塾大学出版会
関野　雄 1963『中国考古学研究』東京大学出版会
世田谷区教育委員会 2012『豪徳寺井伊家墓所調査報告書』

曽根遺跡研究会 2009『諏訪湖底曽根遺跡研究 100 年の記録』
高木博之 2010『陵墓と文化財の近代』山川出版社
高槻市教育委員会　2001『高槻城キリシタン墓地』高槻城三の丸跡北郭地区発掘調査報告書』
高橋健自 1913『考古学』聚精堂
竹村　覚 1964『キリシタン遺物の研究』開文社
田名網宏 1969『古代の交通』吉川弘文館
多摩地区所在古墳確認調査団 1995『多摩地区所在古墳確認調査報告書』
多摩地域史研究会編 2002『多摩川流域の古墳時代―国府以前の様相―』
多摩地域史研究会編 2003『多摩川流域の古墳』
築地居留地研究会（仲光克顕）2002『近代文化の原点―築地居留地』
角田文衛 1954『古代学序説』山川出版社
角田文衛 2005 『古代学の展開』山川出版社
東京国立博物館 1972『キリシタン関係遺品篇』東京国立博物館図版目録
東国古代遺跡研究会 2012『考古学からみた災害と復興』
東北中世考古学会編 2001『中世の出土模鋳銭』高志書院
時枝　務 2012『山岳考古学―山岳遺跡研究の動向と記録―』ニュー・サイエンス社
永井久美男編 1994・1996『中世の出土銭―出土銭の調査と分類―』『―補遺Ⅰ―』兵庫埋蔵銭調査会
永井久美男編 1997『近世の出土銭Ⅰ―論考篇―』『近世の出土銭Ⅱ―分類図版篇―』兵庫埋蔵銭調査会
長崎県鹿島町教育委員会 2001『鹿島―蒙古襲来・そして神風の島―』
長崎県小値賀町教育委員会 2007『小値賀島周辺海域及び前方湾海底遺跡調査報告書』
長崎県小値賀町教育委員会 2008『小値賀島前方湾海底遺跡調査報告書』
中澤澄男・八木奘三郎 1906『日本考古学』博文館
鳴門市教育委員会（森　清治）2012『板東俘虜収容所跡調査報告』
新村　出・濱田耕作 1926『吉支丹遺物の研究』京都帝国大学文学部考古学報告 7

日本歴史地理学会 1913『皇陵』仁友社
萩原尊禮編 1982『古地震―歴史資料と活断層からさぐる―』東京大学出版会
萩原尊禮編 1989『続古地震―実像と虚像―』東京大学出版会
B. ST. J. ウィルクス（本荘　隆訳）1978『水中考古学概説』学生社
藤岡謙二郎 1978～1979『古代日本の交通路』Ⅰ～Ⅳ、大明堂
藤本　強 1994『モノが語る日本列島史―旧石器から江戸時代まで―』同成社
府中市教育委員会 2005『武蔵府中熊野神社古墳』府中市埋蔵文化財発掘調査報告書37
別府大学文化財研究所 2009『キリシタン大名の考古学』
舞阪町教育委員会 1972『浜名湖弁天島海底遺跡発掘調査概報』
埋文関係救援連絡会議埋蔵文化財研究会 1996『発掘された地震痕跡』
松原典明 2009『近世宗教考古学の研究』雄山閣
松原典明 2012『近世大名葬制の考古学的研究』雄山閣
三鷹市教育委員会 2011『天文台構内古墳Ⅰ』三鷹市埋蔵文化財調査報告33
三宅俊彦 2005『中国の埋められた銭貨』同成社
メタ・アーケオロジー研究会編 2005『近現代考古学の射程―今なぜ近現代を語るのか―』六一書房
八木奘三郎 1898・99『日本考古学』嵩山房
八木奘三郎・中村士徳 1905『考古学研究法』春陽堂
大和久震平 1990『古代山岳信仰遺跡の研究』名著出版
山梨県教育委員会 2012『山梨県山岳信仰遺跡詳細分布調査報告書―富士山信仰遺跡に関わる調査報告―』
山の考古学研究会編 2003『山岳信仰と考古学』同成社
山の考古学研究会編 2010『山岳信仰と考古学Ⅱ』同成社
吉田章一郎 1951「日本の墓制」『考古学概説』講談社
吉田常吉 1963『井伊直弼』吉川弘文館
立正大学考古学会ほか 2010『近世大名家墓所調査の現状と課題』立正大学考古学フォーラム
歴史学研究会編 1999『越境する貨幣』青木書店

写真・資料提供一覧

図 1〜3 ：鳴門市教育委員会
図 4・5 ：府中市教育委員会
図 6〜9 ：東京都教育庁
図 10・11：志免町教育委員会
図 12〜15：中央区教育委員会
図 16〜22：今野春樹氏・寛永寺
図 23〜26：鶴田悟裕氏
図 27〜30：世田谷区教育委員会
図 31・32：金子浩之氏
図 33・34：伊東市教育委員会
図 35・36：神奈川県教育委員会
図 37：三瓶裕司氏
図 39〜41：高槻市教育委員会
図 42・43：今野春樹氏
図 46〜49：琉球大学考古学研究室
図 50・51：時枝　務氏
図 52〜54：富士宮市教育委員会
図 55〜57：山梨県立考古博物館
図 58・59・61・カバー写真：武蔵国分寺跡資料館
図 66・67：三鷹市教育委員会
図 68〜70：標津町立ポー川史跡自然公園

おわりに

本書の骨子は、『東京新聞』(夕刊) に「月間歴史考古ニュース」及び「展望歴史考古学」と題して 2006 年 10 月から 2010 年 9 月まで 48 回にわたって連載した稿をもとにしている。月 1 回、管見の情報と各地の日刊紙などに報道された歴史時代の遺跡の紹介と解説を主目的として綴ったもので、発掘状況の紹介を主としていたため、大規模な継続発掘例では調査の進展状況を速報的にそのつどとりあげることも多かった。紹介の遺跡は、北海道から沖縄と全国的な視点で、時間的には古代から近・現代の発掘例を考慮して選び、また、読者の関心もあり古墳についても配慮してきた。

本書で扱った時代ごとの遺跡例は、必ずしも多くない。発掘遺物についても同様である。しかし連載時における発掘知見が、その後に総括され報告書が刊行された場合には、できるだけ詳しく私見を混じえながら紹介することにした。とくに、近世大名墓所、山岳信仰遺跡、武蔵国分寺跡、東国の終末期古墳についてである。

すでに触れたように連載文を時間軸に沿って編集したものであり歴史時代遺跡の多くについて語ってはいないことをご理解頂ければ幸いである。ただ、歴史時代遺跡の最近の発掘調査例を踏えて、日本考古学の動きの状況を少しでも理解して頂ければと願っている。挿入の写真については、多くの機関と調査関係の諸氏が提供して下さったことを感謝したい。また、連載中に多くの情報を寄せて下さった学友と編集にあたり協力を願った皆さんにお礼を申し上げたい。

最後に、連載の緒をつくって下さったのは塩野榮さん（元・東京新聞編集委員）であった。塩野さんは連載の終結を見ることなく故人となられた。本書を塩野さんに捧げさせて頂きたいと思う。また、連載を担当され、万般にわたって気配りを頂きご高配下さった後藤喜一さん（東京新聞編集委員）と栗原淳さん（東京新聞元文化部）のご協力にも感謝の意を表したい。

2013年４月15日

坂詰秀一

執筆者紹介

坂詰秀一（さかづめ　ひでいち）

1936年　東京都生まれ

1960年　立正大学大学院文学研究科（国史学専攻）修了。立正大学助手、助教授を経て、1977年～2005年立正大学教授。

現在　立正大学名誉教授。

主な著書

『歴史考古学研究』Ⅰ・Ⅱ（ニュー・サイエンス社）、『歴史考古学の視角と実践』（雄山閣）、『図録 歴史考古学入門事典（増補版）』（柏書房）、『歴史と宗教の考古学』（吉川弘文館）、『日本歴史考古学を学ぶ』全3巻編（有斐閣）、『歴史考古学の諸問題』編（近藤出版社）、『新日本考古学小辞典』編（ニュー・サイエンス社）など。

市民の考古学⑩

歴史《れきし》時代《じだい》を掘《ほ》る

2013年5月30日発行

著　者　坂　詰　秀　一
発行者　山　脇　洋　亮
印　刷　㈱熊谷印刷
製　本　協栄製本㈱

発行所　東京都千代田区飯田橋4-4-8 東京中央ビル内　㈱同　成　社
TEL 03-3239-1467　振替 00140-0-20618

ISBN978-4-88621-577-2 C1320